SABINE KASPARI

Naikan

Die Kraft der Versöhnung

Vorwort der Autorin 5

Geleitwort von Akira Ishii 6

DER SCHNELLE EINSTIEG 7

Was ist Naikan? 8

Was Sie mit Naikan erreichen können 8

Woher kommt Naikan? 12

Naikan bringt Klarheit ins Leben 13

Dankbarkeit – die Essenz zum Glücklichsein 15

Feinde der Dankbarkeit 17

Heilung durch Versöhnung 18

Wichtige Hinweise für die Praxis 20

Über dieses Buch 24

Wann man Naikan nicht (alleine) anwenden sollte 25

Erste Naikan-Übungen 27

Naikan gegenüber dem heutigen Tag 27

Naikan hat Langzeitwirkung 30

Vertieftes Naikan gegenüber einem Tag 32

Naikan in verschiedenen Zeitabschnitten 39

Die wichtigsten Naikan-Regeln im Überblick 44

Häufige Fragen und Themen 46

Ich finde kaum Antworten – was tun? 46

Sie bereiten nie Schwierigkeiten – kann das sein? 51

Wie kann ich die vierte Frage vermeiden? 56

Kann ich mit Naikan meine Schwächen ablegen? 58

Wie kann ich jemanden dazu bringen, Naikan zu machen? 64

Wie schnell kann ich mit Naikan etwas ändern? 65

VERSÖHNUNG MIT DER VERGANGENHEIT 69

Muster auflösen mit Naikan 70

Verhaltensmuster und Glaubenssätze 70

Umdenken ist möglich 71
Erwartungen und Enttäuschungen 73
Erfahrungen neu bewerten 77
Die Perspektive wechseln 78
Was uns krank macht 81

Naikan gegenüber den Eltern 84
Die eigenen Anteile in den Vordergrund rücken 84
Wir haben eine Wahl 86
Gerechtigkeit ist subjektiv 88
Fehlprogrammierungen aufheben 89
Schriftliches Naikan – das Wichtigste in Kürze 91
Das Leben beginnt mit der Mutter 92
Fragen an den Vater 103
Wie es nach dem Vater weitergeht 106

Stolpersteine und Fallstricke umgehen 108
Die eigenen Wurzeln akzeptieren 108
Die Perspektive wechseln 109
Sich selbst erkennen 111
Schwieriges Geben und Nehmen 113
Die Antworten richtig zuordnen 115
Wer hat was für wen getan? 119
Antworten richtig formulieren 120

Zu seinen Schattenseiten stehen 123
Der höchste Anspruch des Naikan 123
Die Vielfalt der Verfehlungen 124
Von Kindheit an 127
Naikan im Strafvollzug 130

AUSEINANDERSETZUNG MIT DER GEGENWART 131

Naikan gegenüber Kindern 132
Erziehung mit Naikan 132
Was sich durch Naikan ändern kann 136

Weniger Ungerechtigkeiten, weniger schlechtes Gewissen 137
Bevor Sie loslegen 138
Die drei Naikan-Fragen in Bezug auf Kinder 141
Klare Regeln statt widersprüchliches Verhalten 145

Naikan in Ehe und Partnerschaft 148
So fängt es an 148
Alte Freundschaften 150
Verflossene Liebschaften 151
Naikan gegenüber Partner oder Partnerin 152
Thema Seitensprung 158
Naikan und typische Beziehungsthemen 161
Kritik vom Partner – was steckt dahinter? 162

Naikan im Berufsleben 164
Naikan gegenüber der Arbeitseinstellung 164
Den roten Faden erkennen 169
Burn-out-Syndrom im Naikan überwinden 169
Mobbing-Situationen mit Naikan betrachten 180
Das Täter-Profil 185

ANHANG
Bücher und Adressen, die weiterhelfen 188
Danksagung 189
Register 190
Impressum 192

Vorwort

Alles, was ich in diesem Buch schreibe, jeder Ratschlag, den ich gebe, jede Unachtsamkeit, die ich anprangere, jede Wunde, in die ich meinen Finger lege, gilt auch immer für mich selbst. Ich bin nicht anders als Sie. Ich bin noch lange nicht »fertig« und bin dankbar dafür, denn der Weg ist es, der das Leben so spannend macht! Ich bin Mutter dreier Söhne und seit Oktober 2011 stolze Großmutter. Meine erste Naikan-Woche absolvierte ich im November 2003 als Shiatsu-Schülerin bei Josef Hartl im Naikan-Haus Ötscherland. In dieser Woche erlebte ich eine tiefgreifende Versöhnung mit vielen Menschen aus meiner Vergangenheit. Mir wurde bewusst, was es heißt, aus der Opferrolle herauszutreten und für sein Leben selbst die Verantwortung zu übernehmen. Zwei Jahre später lernte ich dann die Langzeitwirkung und nachhaltige Qualität von Naikan kennen, als ich eine schwere persönliche Krise mit den drei Naikan-Fragen durchleuchtete. Erst jetzt brachte ich Verständnis für meine eigenen Fehler und damit die Fehler anderer auf und konnte dadurch die Toleranz entwickeln, die für den Weg aus meiner Krise nötig war. Dieses Ereignis und sein Ergebnis berührten mich derart, dass ich 2006 die Ausbildung zur Naikan-Leiterin bei Franz Ritter begann und mit Assistenzen bei Johanna Schuh und Professor Akira Ishii abrundete. Seit Ende 2007 begleite ich Menschen bei ihrer Naikan-Erfahrung.

Ich lebe mein Leben in tiefer Dankbarkeit und großem Gottvertrauen. Dass diese Wirkung für Sie, liebe Leser, mit Hilfe dieses Buches ebenfalls spürbar wird, wünsche ich Ihnen von Herzen.

Sabine Kaspari

Geleitwort

Es ist heute fast unmöglich, sich den vielen Einflüssen, denen wir täglich ausgesetzt sind, zu entziehen. Gerade in der heutigen Zeit entwickeln sich vielfältige Ängste: Angst vor sozialer Isolation, Verlustängste, Angst vor Arbeitslosigkeit, vor Armut, vor Krankheit und vielem mehr. Diese Ängste, zusammen mit den unzähligen Anforderungen, die das Leben Tag für Tag an uns stellt, geben uns ein Gefühl der Hilflosigkeit, des Ausgeliefertseins, der Unsicherheit, aber auch der Wut.

»Was kann ich schon tun ...?« fragen wir uns und sind davon überzeugt, nichts gegen die eigene zunehmende Unzufriedenheit tun zu können. Gerne geben wir die Schuld den Umständen, der Wirtschaftslage, den Chefs, Kollegen und sogar unseren Angehörigen und Freunden. Nur wenige halten inne, um den eigenen Anteil an einer Situation anzusehen, das eigene Potenzial wieder zu entdecken, die schlichten Tatsachen des Lebens zu betrachten und zu akzeptieren.

Dieses Buch möchte wachrütteln, einen Weg zeigen, das Leben wieder selbst in die Hand zu nehmen, zum Wesentlichen zurückzufinden: zur Liebe zu uns selbst und unseren Mitmenschen.

Daher wünsche ich Sabine Kaspari mit ihrem Buch über Naikan, dass viele Leserinnen und Leser die Kraft dieser Methode für sich entdecken und diesen sanften Weg der Selbstentwicklung gehen.

Prof. Akira Ishii

Der schnelle Einstieg

Naikan ist eine von einem japanischen Buddhisten entwickelte Methode, sich auf meditativem Wege mit sich selbst auseinanderzusetzen. Sie basiert auf drei zentralen Fragen, durch die wir lernen, uns mit Vergangenem zu versöhnen und mehr Glück und Dankbarkeit zu empfinden. Voraussetzung ist lediglich, sich regelmäßig etwas Zeit für die Übungen zu reservieren.

Was ist Naikan?

Naikan wurde in den 1940er-Jahren in Japan entwickelt. Wenn wir diese Methode auf uns anwenden, können wir Wunden der Vergangenheit heilen und in der Zukunft glücklicher und zufriedener leben.

Was Sie mit Naikan erreichen können

Der Begriff Naikan setzt sich zusammen aus den Worten Nai = Inneres und Kan = beobachten. Er bedeutet also so viel wie »nach innen schauen« oder »innere Beobachtung«. Naikan beruht auf der Vorstellung, dass wir unsere Persönlichkeit und unsere Weltsicht selbst gestalten, alle Schwierigkeiten, Fehler und Konflikte mit eingeschlossen. Folglich können wir auch selbst etwas an uns und unserer Wahrnehmung der Dinge ändern. Der Weg des Naikan lässt uns aufmerksamer und achtsamer werden. Dadurch verhindern wir, dass unbewusste Eindrücke uns beeinflussen, ohne dass wir es merken. Das heißt, wir machen uns zumindest einen Teil dieser Eindrücke bewusst. Darüber hinaus schulen wir unsere Fähigkeit zur Selbstbeobachtung. Im modernen Sprachgebrauch benutzt man für diesen Prozess den Begriff »Selbst-Coaching«.

Die drei magischen Fragen

Die Übung des Naikan beruht auf drei Fragen, die in verschiedenen Varianten gestellt werden können. Ich nenne sie gern »magisch«, weil sie so viel bewirken können. In ihrer Grundform lauten sie:

1. Was hat ... für mich getan/habe ich bekommen?
2. Was habe ich für ... getan/habe ich gegeben?
3. Welche Schwierigkeiten habe ich ... bereitet?

Der sogenannten vierten Frage, welche Schwierigkeiten uns jemand bereitet hat, wird im Naikan kein Gewicht beigemessen. Sie ist vielen von uns sehr bewusst, und sie zu beantworten bringt uns in unserem Entwicklungsprozess nicht vorwärts.

Klassischerweise wird Naikan im Rahmen einer 7-tägigen Klausur erlernt und dann möglichst regelmäßig praktiziert. Der Fokus während der Naikan-Woche liegt auf der Auseinandersetzung mit der Vergangenheit. Ein Naikan-Begleiter sucht die Praktizierenden in regelmäßigen Abständen auf und steht ihnen für unterstützende Gespräche zur Verfügung. Mithilfe dieses Buches können Sie lernen, die Methode in Eigenregie anzuwenden. Für tief greifende, nachhaltige Erkenntnisse und Veränderungen bedarf es jedoch der 7-tägigen Klausur mit professioneller Begleitung, die auch ich unter anderem in meinem Seminarhaus anbiete.

Veränderung im Alltag

Wenn dieses Buch Sie gefunden hat, heißt das, es ist Zeit für eine
Veränderung. Nicht für eine plötzliche, schnelle Veränderung, die
Sie und Ihr Umfeld überfordern würde, sondern eine, die sich
langsam und selbstverständlich in Ihr Leben schleicht – dafür aber
umso nachhaltiger wirkt. Sanft und doch unaufhaltsam wird sich
mit der Naikan-Übung Ihre Sichtweise verändern. Das Lesen des
Buches und vor allem die Praxis erfordern natürlich etwas Zeit und
Disziplin, aber Sie werden sehen: Der Einsatz lohnt sich allemal.
Denn haben Sie die drei magischen Fragen einmal verinnerlicht,
tauchen sie im Alltag plötzlich auf, nachdem Sie sich wieder einmal
über etwas oder jemanden fürchterlich geärgert haben oder wenn
Sie gerade dabei sind, Ihrem Mann, Ihrer Frau, den Kindern, einem
Kollegen oder wem auch immer eine Standpauke zu halten, oder
während Sie gerade schmollen, weil Ihnen jemand seine ehrliche
Meinung gesagt hat. Die drei Naikan-Fragen werden Ihnen dabei
helfen, mit diesen und ähnlichen Situationen gelassener und selbst-
bewusster umzugehen.

Was dieses Buch bewirken kann

Nach der Lektüre dieses Buches und natürlich nach einiger Zeit,
die es braucht, die Übungen umzusetzen und wirken zu lassen,
werden Sie feststellen, dass Sie sich weniger ärgern, dass Sie öfter
schweigen und lächeln, statt zu schimpfen. Und Sie werden gelernt
haben, ehrliche Meinungen zu schätzen. Sie werden gelassener und
mit mehr Dankbarkeit auch den kleinen Dingen gegenüber durch
Ihr weiteres Leben gehen, und das wird sich ganz automatisch auf
Ihre Umgebung auswirken.
Sie werden kein perfekter Mensch werden – den gibt es nicht. Aber
Sie werden offener und weniger angstvoll mit vielem umgehen

können und sich weniger verbiegen. Und Sie werden Ihrer Umwelt zwar nach wie vor Schwierigkeiten bereiten – weil sich das nun mal nicht vermeiden lässt! –, dies aber bewusster tun und sich weniger dafür schämen, sondern vielmehr zu Ihren (für andere) unbequemen charakterlichen Eigenschaften stehen, die gemeinhin als »Fehler« bezeichnet werden. Sie werden im wahrsten Sinn des Wortes (sich) selbst-bewusster!

Als einfache Folge daraus werden Sie auch so manche Besonderheiten Ihrer Mitmenschen oder verschiedener Situationen akzeptieren. Gelingt das bei dem einen oder anderen nicht, werden Sie lernen, zu verzeihen – sich selbst und dem anderen.

Das bewirkt Naikan mit seinen drei Fragen. Das Leben wird damit nicht leichter, aber immer klarer und schöner! Um Sie noch stärker zu ermutigen, diesen Weg zu gehen, finden Sie in diesem Buch immer wieder Aussagen von Menschen, die Naikan in einem Seminar kennen und schätzen gelernt haben.

Ich habe ein besseres Gefühl

Zukünftig werde ich Geschehenes besser akzeptieren, meine Erwartungshaltung reduzieren und mit neuer Sichtweise das Positive hervorheben. Durch eine neue Einstellung zu Familie, Körper und Arbeit versuche ich, mehr Ruhe zu finden. Inzwischen habe ich ein besseres Gefühl und empfinde mehr Dankbarkeit.

Anita P.

Woher kommt Naikan?

Begründer des Naikan war der japanische Geschäftsmann Ishin Yoshimoto (1916–1988). Er war praktizierender Buddhist, der nach langen und schwierigen Übungen zur Erleuchtung gelangte, was er mit folgenden Worten ausdrückte: »Ich bekam ein neues Leben voller Freude.« Von da an widmete er sich seinem Wunsch, allen Menschen »ein Leben voller Freude« zugänglich zu machen. Er suchte nach einer Methode, die relativ einfach machbar und unabhängig von Religion sein sollte. Und so entwickelte Ishin Yoshimoto den Weg des Naikan.

Da Naikan in Japan auch mit Strafgefangenen praktiziert wurde (siehe dazu auch Seite 130), kam der Kriminologe Professor Akira Ishii mit dieser Methode der Selbstauseinandersetzung in Berührung. Er war derart fasziniert, dass er bei Ishin Yoshimoto zu üben und lernen begann und schließlich selbst Naikan-Leiter wurde. 1980 hielt Akira Ishii auf Einladung von Franz Ritter die erste offene Naikan-Woche außerhalb Japans, im österreichischen Scheibbs. Seither hat sich Naikan in Europa enorm verbreitet. Akira Ishii kommt jedes Jahr wieder, gibt Naikan-Seminare und hält Vorträge. Seine Verankerung in der japanischen Naikan-Gesellschaft bringt immer wieder neue methodische Impulse für die Entwicklung des Naikan und die Naikan-Leiter in Europa.

In Japan hat Naikan bereits seit vielen Jahren seinen festen Platz im persönlichen, sozialen und beruflichen Bereich: in Schulen, im Gesundheitssektor, in der Resozialisierung, in Wirtschaft und Management. Auch in den USA, in China, Chile und vielen anderen Ländern der Welt verbreitet sich Naikan immer mehr. Adressen zu Naikan-Zentren in Deutschland, Österreich und der Schweiz finden Sie auf Seite 188.

Naikan bringt Klarheit ins Leben

Was passiert, wenn man schwarze und weiße Farbe in einen Topf gibt? – Es entsteht graue Farbe. Wenn man dann noch etwas Rot, Grün, Blau und Gelb dazugibt, entsteht ein wenig ansehnliches graubraunes Schlammgemisch. Haben Sie eine Werkstatt und basteln gerne, räumen aber nie auf? Irgendwann finden Sie den neuen schönen Schraubenzieher nicht mehr, ständig fallen Ihnen die alten in die Hände, die Sie längst wegwerfen wollten.

Ähnlich wie in dem Farbtopf oder der Werkstatt sieht es bei vielen von uns im Inneren aus. Seit frühester Kindheit sammeln wir tagtäglich unzählige Eindrücke, Gefühle, Erfahrungen verschiedenster Art – schöne und weniger schöne. Wir können uns dessen gar nicht erwehren. Alles wird gespeichert, ob wir wollen oder nicht. Das, was wir am liebsten ganz schnell vergessen möchten, die unangenehmen, schrecklichen Dinge, die uns passieren, landen genauso in unserem inneren Topf wie das Hochgefühl über den bestandenen Schulabschluss, der Stolz auf das erste Auto, das unbeschreibliche Gefühl der ersten Liebe, die Freude über das Haus, die Kinder, den neuen Arbeitsplatz. Und wie im Farbtopf die Farben zum unschönen Schlamm vermischen sich in uns die schönsten mit den schlimmsten Erinnerungen zu einem undefinierbaren ICH.

Die negativen Erfahrungen

Das Graubraunschlammgemisch unseres Lebens macht es uns zuweilen recht schwer, mit uns selbst und anderen, mit Alltagssituationen und Schicksalsschlägen umzugehen. Hinzu kommt dann noch die eigenartige Tatsache, dass sich negative Erinnerungen stärker einprägen, länger anhalten und schneller abrufbar sind. So kann es einem unreflektierten Menschen, also jemandem, der nicht regelmäßig an sich arbeitet, mit der Zeit so vorkommen, als sei sein ganzes Leben in eine unerwünschte Richtung gelaufen, als sei das Erreichte oder gar er selbst wertlos.

Ordnung schaffen

Mit Naikan erhalten Sie ein Werkzeug, das es Ihnen ermöglicht, Klarheit und Ordnung in Ihr Leben zu bringen. Sie lernen, die täglichen Ereignisse in Relation zum Gesamtgeschehen zu sehen, das Erlebte nicht im Graubraunschlammgemisch untergehen zu lassen. Und wenn Sie Naikan auch für die Betrachtung Ihrer Vergangenheit nutzen (siehe Kapitel zwei), können Sie Ihre schönsten Erinnerungen wieder lebendig werden lassen. Insbesondere die ersten beiden Naikan-Fragen – Was hat … für mich getan/habe ich bekommen? Was habe ich für … getan/habe ich gegeben? – helfen Ihnen dabei, zu sehen, wie viel Sie in Ihrem Leben erhalten haben, wovon Sie profitiert haben, und zu erkennen, was Sie selbst für andere getan haben, was Sie in manchen Situationen geleistet haben.

Neue Ordnung

Ich habe eine Woche nach innen geschaut. Mein Gefühl ist, das Innerste nach außen gekehrt und es wieder – neu geordnet – nach Innen gebracht zu haben.

Johannes K.

Sie können Naikan, einmal erlernt, jederzeit anwenden, um regelmäßig Ihr Innenleben aufzuräumen, Klarheit zu schaffen, eine herausfordernde Situation damit zu durchleuchten oder Frieden mit Gewesenem zu schließen. Wie die tägliche Yoga-Übung oder eine Sportart Fitness für den Körper gewährleistet, kann Naikan helfen, Ihren Geist und Ihre Seele gesund zu erhalten.

Keine Angst – Naikan ist nicht schwer zu lernen. Sie brauchen kein besonderes Talent dafür. Was Sie benötigen, ist die Bereitschaft, sich regelmäßig etwas Zeit zu nehmen, ein Tagebuch, in das Sie die Ergebnisse Ihrer Übungen schreiben, und dieses Buch, das Sie Schritt für Schritt in den Umgang mit den drei Fragen einführt.

Dankbarkeit – die Essenz zum Glücklichsein

Dr. Robert Emmons, Professor für positive Psychologie an der Universität Davis in Kalifornien, untersucht in seinem Buch »Vom Glück, dankbar zu sein« Wirkung und Ursache von Dankbarkeit und beweist darin, dass Dankbarkeit und Glück in direktem Zusammenhang stehen und dass jeder lernen kann, dankbar(er) zu sein. Dankbarkeit ist nicht abhängig von bestimmten Situationen, sondern kann bewusst kultiviert und gelebt werden. In seinem Buch erwähnt Robert Emmons unter anderem Naikan als eine Methode dafür.

Nur wenige Menschen leben ihr Leben in Dankbarkeit, sind also wirklich glücklich. Obwohl wir jeden Tag viele Geschenke erhalten, lassen wir es zu, dass die wenigen Augenblicke, in denen wir aufrichtige Dankbarkeit verspüren, meist von Beschwerden, Enttäuschung, Sorge und Frustration überschattet werden. Anscheinend können wir erst dann etwas wirklich schätzen, wenn es nicht mehr da ist, wir es nicht mehr erreichen können. Ist die Gelegenheit verpasst, dankbar zu sein, haben wir schon wieder einen Grund, enttäuscht zu sein.

Dankbarkeit im Alltag

Stellen Sie sich vor, Sie haben verschlafen, den Wecker überhört. Mit einem Schlag sind Sie hellwach, stürzen aus dem Bett ins Bad, wobei Sie im Vorbeigehen hastig ein paar Kleidungsstücke aus dem Schrank reißen. Schnell Zähne putzen, Katzenwäsche, denn für Duschen ist keine Zeit mehr, ab in die Küche. Dort steht Ihre Frau und hält Ihnen noch leicht verschlafen eine Tasse Tee hin. Sie hätte noch weiterschlafen können, hat jedoch den Tee gekocht, damit Sie noch etwas Warmes bekommen, bevor Sie außer Haus müssen. Wie reagieren Sie? Bemerken Sie diese liebevolle Geste überhaupt, und sind Sie Ihrer Frau dankbar dafür? Und wenn ja, wie lange hält dieses Gefühl an, bevor es von der Hektik des Verkehrs auf dem Weg ins Büro und des Arbeitsalltags ausgelöscht wird?

Um Dankbarkeit empfinden zu können, müssen uns zuerst Situationen bewusst werden, für die wir dankbar sein können. Tagtäglich begegnen wir vielen Menschen, die etwas für uns tun. Leider nehmen wir das meiste davon als selbstverständlich hin, oft fällt uns nicht einmal auf, dass jemand uns Gutes getan hat. Ob das die Zeitung ist, die auf dem Tisch liegt, der Bus, der pünktlich an die Haltestelle kommt, die Tasse Kaffee, die ein Kollege mitbringt, und so weiter. Tausend Kleinigkeiten gibt es täglich, für die wir dankbar sein könnten – würden wir nur lernen, sie als dankeswürdige Dinge zu erkennen.

Aufmerksam wahrnehmen, in Demut anerkennen

Dankbarkeit braucht also Aufmerksamkeit – und darüber hinaus Demut. Aufmerksamkeit, weil sie uns hilft, all die Menschen, Dinge und Situationen bewusst wahrzunehmen, denen wir tagtäglich begegnen. Und Demut, um anerkennen zu können, dass wir unseren Nutzen daraus ziehen, dass nicht alles selbstverständlich ist und wir nicht alles automatisch verdient haben. So nehmen zum Beispiel Millionen von Menschen täglich gerne die Dienste öffentlicher Verkehrsmittel in Anspruch, ohne auch nur einen Gedanken daran zu verschwenden, wie dankbar sie sein können, dass es diese gibt und das System funktioniert. »Schließlich zahlen sie ja auch dafür!« könnte man jetzt einwenden, und das stimmt natürlich. Erst wenn ein Streik oder technische Defekte den reibungslosen Ablauf behindern, stellen wir fest, dass es nicht einfach mit der Bezahlung abgetan und doch mehr nötig ist, um relativ pünktlich und bequem zur Arbeit zu kommen oder ins wohlverdiente Wochenende zu fahren. Ist der Defekt dann aufgehoben, der Streik beendet, werden wir uns vielleicht ein paar Tage lang freuen, dass wir jetzt nicht mehr mit dem Auto im Stau stehen müssen.

Feinde der Dankbarkeit

Diese Freude wird jedoch meist nicht lange anhalten. Schon bald ärgern wir uns wieder über die überfüllten Waggons, die zugigen Bahnhöfe und die Verspätungen.

So finden wir in allen Lebensbereichen immer wieder Gründe, nicht dankbar sein zu müssen. Ja, mehr noch, manche Menschen scheinen geradezu süchtig nach Ärger, Zorn und Verbitterung zu sein. Immer wieder vergällen sie sich den Tag, indem sie die Aufmerksamkeit auf Dinge lenken, die nicht so sind, wie sie es sich wünschen. Große Hindernisse dafür, dass Dankbarkeit in uns aufkommt, sind alle negativen Gefühle wie unversöhnlicher Hass, Neid, Eifersucht, das Gefühl, ungerecht behandelt worden zu sein und zu werden, aber auch das Gefühl, nicht gut genug zu sein, es niemandem oder ganz bestimmten Menschen nicht recht machen zu können.

Heilung durch Versöhnung

Häufig haben diese Gefühle ihren Ursprung in der Kindheit, und ebenso häufig beruht dieser Ursprung auf einem Missverständnis. Wenn Sie schon etwas größere Kinder haben, lässt sich dies leicht nachvollziehen. Sprechen Sie mit ihnen nämlich einmal über Ereignisse, die nicht so angenehm waren, wie beispielsweise über einen zurückliegenden Streit, werden Sie erstaunt feststellen, wie anders Ihr Kind sich an dieses Geschehen erinnert als Sie selbst. Dazu ein Beispiel aus meinem eigenen Leben:

Mein ältester Sohn hatte mit etwa 14 Jahren ein Verhalten an den Tag gelegt, das mich veranlasste, mit ihm zu einer Beratungsstelle zu gehen. Teil der ständigen Auseinandersetzungen war seine Schmutzwäsche, die er in der ganzen Wohnung herumliegen ließ. In dem Gespräch machte uns die Sozialpädagogin klar, dass ein Jugendlicher mit 14 durchaus in der Lage sei, seine Wäsche selbst zu waschen. Wir handelten einen Vertrag aus mit einem Paragrafen, der dieser Tatsache Rechnung trug. Als wir Jahre später auf diese Gegebenheit zu sprechen kamen, meinte mein Sohn, er hätte seine Wäsche ja schon mit zwölf Jahren alleine waschen müssen und ich hätte überhaupt schon lange vorher nichts mehr für ihn getan! Diese für ihn feststehende Tatsache hatte ihm das Gefühl gegeben, völlig allein dazustehen, von keinem – schon gar nicht von seiner Mutter – geliebt, was ihm wiederum als Grund für so manche Schwierigkeiten diente, mit denen er nicht zuletzt sich selbst das Leben schwer machte.

So hat jeder von uns seine ganz eigene egozentrische Sichtweise der Dinge. Bestehen wir auf unserem Standpunkt, ohne ihn gelegentlich zu hinterfragen, nehmen wir uns die Möglichkeit der Versöhnung mit echten und vermeintlichen Verletzungen. Wir bleiben gefangen in unseren Irrtümern und höchst subjektiven Bewertungen – was auch der Grund dafür ist, warum manche Menschen immer wieder auf den gleichen, letztlich unpassenden Typ Partner stoßen, das gleiche Schlamassel in der Arbeit erleben, sich in Sucht flüchten müssen und nicht so richtig glücklich werden können. Erst wenn wir uns solche Geschehnisse mit der Bereitschaft zur Versöhnung ansehen, kann diese auch eintreten und die Beziehungen zu unserer Umgebung und damit uns selbst heilen.

 ## MIT NAIKAN DANKBARKEIT UND VERSÖHNUNG ERREICHEN

Mithilfe von Naikan können Sie lernen, das zu sehen, was wirklich ist. Sie können lernen, hinter Irrtümern, subjektiven Bewertungen und Interpretationen die Tatsachen zu entdecken. Damit wächst in Ihnen das Gefühl der Dankbarkeit, das Sie mit der täglichen Naikan-Übung am Leben erhalten können. Zu sehen, was wirklich ist, ist aber auch die Voraussetzung dafür, mit den unangenehmen, ja schlimmen Dingen des Lebens seinen Frieden zu schließen. Naikan hilft Ihnen, sich selbst immer wieder im Spiegel Ihres Verhaltens zu prüfen und zu entwickeln. Das ist unsere Aufgabe im Leben. – Ishin Yoshimoto, Begründer des Naikan, brachte es folgendermaßen auf den Punkt: »Der eigentliche Zweck unseres Daseins ist Naikan.«

Wichtige Hinweise für die Praxis

Damit Naikan seine positive Wirkung erzielen kann, ist es von großer Bedeutung, richtig mit den drei Naikan-Fragen umzugehen. Das heißt zunächst einmal, zu verstehen, worauf die drei Fragen abzielen, worin ihr tieferer Sinn liegt.

Die erste Frage – Reichtum und Schönheit

Die erste Frage, also die Frage danach, was jemand für uns getan hat oder was wir bekommen haben, möchte uns erkennen lassen, wie reich wir in unserem Leben immer wieder beschenkt werden. Das können wir jedoch nur dann sehen und annehmen, wenn wir von den Vorstellungen abrücken, was wir gerne bekommen hätten, was jemand für uns hätte tun sollen und so weiter. Die Formulierung der ersten Frage zielt darauf ab, nur das zu sehen, was wirklich war. So können wir erkennen, dass wir tagtäglich von unzähligen Dingen profitieren, die unabhängig von unseren Wünschen geschehen. Die Antworten, die Sie auf die erste Frage finden, zeigen Ihnen den Reichtum und die Schönheit Ihres Lebens und helfen Ihnen, das Positive, das Sie erfahren haben, schätzen zu lernen.

Die zweite Frage – Selbstwert und eigene Potenziale

Naturgemäß erhalten wir mehr, als wir geben. Das liegt an der Tatsache, dass wir mit vielen Menschen zu tun haben, von denen wir profitieren, während wir selbst nur als einzelne Wesen etwas geben können. Das Verhältnis zwischen Nehmen und Geben fällt also zwangsläufig zu unseren Gunsten aus, und entsprechend finden wir auf die zweite Naikan-Frage häufig weniger Antworten als auf die erste. Sie ist deshalb aber nicht weniger wichtig. Denn durch die Frage danach, was Sie für jemanden getan oder ihm gegeben haben, können Sie Ihre eigenen Ressourcen und Potenziale erkennen, das, was an Fähigkeiten in Ihnen steckt. Auch hier geht es nicht darum, was Sie gerne können möchten oder erreichen wollen, sondern um schlichte Tatsachen. Mithilfe der zweiten Naikan-Frage können Sie diese Tatsachen ausfindig machen. Die Folge davon ist, dass Sie auch Ihren eigenen Wert in dieser Welt, Ihren Selbstwert, erkennen und realistisch einschätzen.

Die dritte Frage – Selbstverantwortung und Selbsterkenntnis

Während wir die ersten beiden Naikan-Fragen in der Regel sofort verstehen und umsetzen können, weckt die dritte Frage – Welche Schwierigkeiten habe ich bereitet? – automatisch unseren Widerstand. Das ist nachvollziehbar und menschlich; wer möchte sich schon gerne ansehen, in welche Fettnäpfchen er in seinem Leben getreten ist, wie viele Menschen er beleidigt, genötigt, enttäuscht, vor den Kopf gestoßen, belogen und betrogen hat?

Sinn der dritten Naikan-Frage ist aber nicht, Ihnen ein schlechtes Gewissen zu bereiten. Es geht einfach nur darum, die Schwierigkeiten oder Umstände, die durch Sie beziehungsweise Ihr Sein oder die Art, wie Sie sich verhalten, entstehen, zu erkennen. Wichtig ist auch hier, den Tatsachen ins Auge zu sehen – und nicht, diese als »schlecht« oder »böse« zu bewerten. Versuchen Sie auch bei dieser Frage, eine neutrale Haltung einzunehmen. Kein Lebewesen kann existieren, ohne Schwierigkeiten, Umstände oder Unannehmlichkeiten zu bereiten. Es gilt zu erkennen, welche davon Sie wann bereiten, um die ein oder andere Aktion bewusster und achtsamer auszuführen oder sie vielleicht zu unterlassen.

Sich mit der dritten Frage zu prüfen hat also nicht zum Ziel, fehlerfrei zu werden und nicht mehr anzuecken. Das wäre auch unmöglich zu erreichen. Denn allein aufgrund der Tatsache, dass die Menschen verschieden sind, unterschiedliche Wertvorstellungen und Wünsche haben, werden sie – auch wenn sie es gar nicht beabsichtigen und niemandem Böses wollen – anderen Menschen immer wieder Schwierigkeiten oder Umstände machen. Es geht hier vielmehr darum, das, was wir tun, bewusster zu tun und dafür die Verantwortung zu übernehmen. Mithilfe der dritten Frage lernen Sie sich selbst besser kennen, und je ehrlicher Sie sich mit dieser Frage auseinandersetzen, umso bewusster werden Sie künftig unvermeidbare Schwierigkeiten bereiten. Umso selbstbewusster können Sie reagieren, wenn Sie auf »Fehler« angesprochen und kritisiert werden. Sie brauchen sich weniger zu rechtfertigen und wissen meist bereits vorher, wie Ihr Gegenüber auf Ihre Aktion reagieren wird. Denn nun wissen Sie, wie Sie sind und gesehen werden. Gerade aus dieser dritten Frage entsteht die Freiheit, so sein zu können, wie man ist – mit allen Ecken und Kanten!

Die vierte Frage vermeiden!

Wenn wir uns mit unserem Leben und uns selbst beschäftigen, neigen wir Menschen gerne dazu, uns anzusehen, was andere uns angetan haben, wie oft wir schlecht behandelt oder nicht beachtet wurden, ja vielleicht sogar geschlagen oder missbraucht. Diese Betrachtungsweise nennen wir im Naikan »die vierte Frage«. Warum also arbeiten wir im Naikan mit der dritten und nicht mit der vierten Frage? Nun, zum einen können wir das, was uns angetan oder nicht für uns getan wurde, und auch die Personen, die es getan haben, nicht ändern, wir können lediglich unser eigenes Handeln beeinflussen. Dazu kommt, dass Geschehnisse von jedem Menschen sehr individuell, also subjektiv gesehen werden (siehe Seite 19). Was mich enttäuscht, mag von dem anderen ganz harm-

HALTEN SIE SICH AN DIE TATSACHEN!

Das Geheimnis bei der Arbeit mit den drei Naikan-Fragen ist immer, sich möglichst frei von Wertungen und Beurteilung zu betrachten, also möglichst neutral die Tatsachen zu sehen. Das ist auch bei den ersten beiden Fragen nicht immer ganz einfach. Bei der dritten Frage ist es aber besonders schwierig, eine solche Haltung einzunehmen, weil wir echte oder vermeintliche Fehler automatisch eher abwehren und lieber auf die »Fehler« anderer schielen – oder uns umgekehrt in Selbstvorwürfen ergehen. Versuchen Sie dennoch, immer möglichst neutrale Formulierungen zu finden. Sagen Sie also zum Beispiel in Bezug auf die dritte Frage nicht: »Ich habe ihn schrecklich beleidigt!«, sondern: »Ich sagte ihm, er sei ein Idiot.« Während in der ersten Antwort eine Interpretation steckt, die ebenso falsch sein könnte (vielleicht fühlte sich der Adressat gar nicht schrecklich beleidigt), gibt die zweite Variante eine schlichte Tatsache wieder!

los oder sogar gut gemeint sein. Darüber könnten wir allerdings nur spekulieren. Ein ganz wesentlicher Punkt, warum im Naikan die vierte Frage nicht verwendet wird, ist jedoch folgender: Ziel ist, an sich selbst zu arbeiten, um als selbstbewusster und verantwortungsvoller Mensch sein Leben in die Hand zu nehmen. Das gelingt uns aber nicht, wenn wir uns als Ergebnis, ja sogar als Opfer der Handlungen anderer Menschen oder irgendwelcher Schicksalsschläge sehen. Nur wenn wir die positiven Dinge im Leben in den Vordergrund rücken und uns selbst als aktiv handelnde Menschen betrachten, kommen wir aus der Opferrolle heraus – und dabei kann uns Naikan helfen.

Die Methode – Kontemplation

Für den Einstieg ist es nicht nur wichtig, den Sinn der Naikan-Fragen zu verstehen, sondern auch, in der richtigen Art und Weise mit den Fragen umzugehen. Naikan ist keine wissenschaftliche Methode, mit deren Hilfe Sachverhalte oder Probleme analysiert und passgenaue Lösungen gefunden werden. Wenn Sie die Übungen in den folgenden Kapiteln machen, sollten Sie somit nicht lösungsorientiert nachdenken, sondern vielmehr Ihre Aufmerksamkeit und Konzentration um die befragte Situation (mit einer Person oder einem Thema), den ausgewählten Zeitraum und die drei Fragen kreisen lassen. Nehmen Sie offen auf, was sich Ihnen dabei zeigt. Es geht also methodisch nicht so sehr um Meditation in dem Sinne, seinen Geist zu leeren, auch nicht um zwanghaftes Auflisten, sondern eher um kontemplative Meditation, also beschauliches Nachdenken und Prüfen.

Über dieses Buch

Mithilfe des ersten Kapitels können Sie den Umgang mit den drei Fragen schnell und unkompliziert in Ihren täglichen Ablauf integrieren. Die einfache Übung zeigt recht schnell Wirkung und lässt erkennen, ob Ihnen diese Form des Selbst-Coaching zusagt. Möchten Sie dann noch mehr über sich herausfinden, den Weg der Versöhnung mit Ihrer Vergangenheit gehen und die Perlen Ihres Lebens wiederentdecken, können Sie mit dem folgenden Kapitel weitermachen.

Wenn Sie das Bedürfnis haben, gleich tiefer in das Abenteuer »Ich« einzusteigen, eingefahrene Muster zu erkennen und aufzulösen, können Sie auch versuchen, gleich im zweiten Kapitel »Versöhnung mit der Vergangenheit« weiterzulesen.

Dieses Buch ersetzt allerdings in keiner Weise eine klassische Naikan-Woche! Nur sie bietet einen intensiven und umfassenden Zugang zu diesem einzigartigen Weg des kontemplativen Selbst-Coaching. Die Ausführungen in diesem Buch können Ihnen aber Mut machen, sich Ihrer Vergangenheit zu stellen, die Ursache so mancher Leiden sein kann! Auch Leserinnen und Leser, die bereits

 WANN MAN NAIKAN NICHT (ALLEINE) ANWENDEN SOLLTE!

In den nachfolgend beschriebenen Fällen rate ich dringend davon ab, Naikan ohne professionelle Hilfe zu praktizieren. Bitte suchen Sie einen Naikan-Leiter auf, wenn

- Sie während Ihrer Naikan-Übung auf irgendeine Weise **unsicher** werden, aber gerne weitermachen möchten,
- Sie **Medikamente** nehmen, welche die Wahrnehmungsfähigkeit beeinträchtigen (etwa Psychopharmaka),
- Sie in Ihrer Kindheit schwerste **Traumata** erlebt haben, wie sexuellen Missbrauch, physische oder psychische Gewalt,
- Sie **drogen-** oder **alkoholabhängig** sind oder Angehöriger eines Drogen- oder Alkoholabhängigen,
- Sie sich unsicher sind, ob Sie mit Ihrem Anliegen nicht besser zu einem **Psychotherapeuten** gehen sollten.

Es gibt bereits einige Naikan-Leiter mit psychotherapeutischem Hintergrund. Auf Seite 188 finden Sie Adressen der derzeitigen deutschsprachigen Naikan-Leiter, an die Sie sich jederzeit wenden können.

Erfahrung mit Naikan haben, können von diesem Buch profitieren. Denn es bietet die Möglichkeit, Vergessenes aufzufrischen, und hilft dabei, gewonnene Fertigkeiten im Alltag richtig anzuwenden. Das Buch ersetzt allerdings auch nicht den notwendigen Besuch beim Arzt, Psychotherapeuten oder Psychiater. Und in manchen Fällen ist es besser, mit einem Naikan-Leiter zu arbeiten als alleine (siehe dazu Seite 25).

Kein Anspruch auf Allgemeingültigkeit

In diesem Buch werden auch Themen angesprochen, die vielfach als Tabu gelten. Es sind Themen, die mir wichtig sind, weil ich – direkt oder indirekt – betroffen bin oder war. Möglicherweise werde ich damit so mancher Leserin und so manchem Leser Schwierigkeiten bereiten. Bedenken Sie bitte: Es sind meine Sichtweisen, meine Lösungsansätze! Ob Sie diese annehmen, sich davon überzeugen lassen oder sie ablehnen, wenn Sie anderer Ansicht sind – alles darf sein! Ich stelle hier keinen Anspruch auf Allgemeingültigkeit! Seien Sie deshalb während der Lektüre immer kritisch, vor allem ehrlich zu sich selbst, ruhig mal traurig, aber auch zornig. Wenn Sie trotz der Schmerzen, die das Buch bei dem einen oder anderen Thema verursachen mag, durchhalten, werden Sie nicht lange auf die Veränderung warten müssen.

Erste Naikan-Übungen

Die drei Fragen auf einen Tag anzuwenden ist eine gute Möglichkeit, erste Erfahrungen mit Naikan zu machen. Schon bald können Sie das tägliche Naikan dann gegenüber Personen und Themen einsetzen oder mit größeren Zeitabschnitten arbeiten.

Naikan gegenüber dem heutigen Tag

»Auch der längste Weg beginnt mit dem ersten Schritt«, sagt ein chinesisches Sprichwort, und den können Sie noch heute tun. Wenn Sie die einführenden Abschnitte dieses Buchs gelesen haben, können Sie im Prinzip sofort loslegen, vorausgesetzt, Sie haben etwas Zeit und etwas zum Schreiben bereitgelegt. Sie sollten die Möglichkeit haben, Ihre Gedanken für mindestens 20 Minuten schweifen zu lassen, ohne gestört zu werden. Ist das im Moment nicht möglich, warten Sie, bis keine Anrufe und Besuche mehr zu erwarten sind, die Kinder im Bett liegen und ihr Partner beim Sport ist, beziehungsweise sorgen Sie dafür, dass Ihr Rückzug an einen stillen Ort respektiert wird.

Es gibt verschiedene Themen, mit denen Sie den Einstieg in die Naikan-Methode beginnen können. Eine davon ist, den heutigen Tag mithilfe der drei Fragen noch einmal genau zu betrachten.

BEISPIEL FÜR NAIKAN GEGENÜBER EINEM TAG

Donnerstag, 10. Sept. 2010

1. Was hat ... heute getan? Die freundliche Stimme des Radiomoderators weckte mich. Sascha holte mir ein Frühstücksbrett aus dem Regal und die Butter aus dem Kühlschrank. Jeder räumte sein Frühstücksgeschirr selbst weg. Florian fütterte die Katze. Jemand hatte die Garagentür schon geöffnet, sodass ich gleich wegfahren konnte. Ein Autofahrer ließ mich in die Schlange einreihen. Eine Frau hielt mir die Tür auf. Ein kleiner Junge lächelte mich herzlich an. Eine Kollegin hob ein Blatt Papier auf, das mir heruntergefallen war. Ein Kollege brachte mir Kaffee vom Automaten mit. Die Kassiererin im Supermarkt wünschte mir freundlich noch einen schönen Abend. Die Kinder halfen beim Kochen und räumten nach dem Essen den Tisch ab. Peter schaltete die Waschmaschine ein. Michaela rief mich an, um mich auf eine interessante Veranstaltung aufmerksam zu machen. Die Nachbarin brachte mir eine Schüssel voll Bohnen. Alle halfen mit beim Putzen und Schneiden der Bohnen. Peter hat mir vorgelesen, während ich kochte.

Überlegen Sie zunächst, wie das heute Morgen war, als Sie aufwachten. Läutete der Wecker, wurden Sie von alleine wach oder weckte Sie jemand? Sind Sie gleich aufgestanden, oder gönnten Sie sich noch einen Moment im warmen Bett? Wer aus Ihrer Familie war da, waren Sie alleine und konnten ungestört die freundliche Stimme im Radio oder die wohltuende Stille genießen? Wer ist Ihnen auf dem Weg in die Arbeit begegnet, mit wem haben Sie ge-

2. Was habe ich heute für ... getan? Ich räumte die Reste vom Frühstück auf und wischte den Tisch ab. Ich ließ einen Fußgänger über die Straße gehen. Ich half einer Kollegin beim Formulieren einer E-Mail. Ich tröstete einen Kollegen. Ich warf einen Kaffeebecher in den Abfall, der daneben gefallen war. Ich kaufte für die Nachspeise Eis ein. Ich ließ eine Frau an der Kasse vor. Ich hängte Wäsche auf. Ich kochte für die Familie. Ich brachte Peter ein Glas Wein. Ich verkniff mir eine ironische Bemerkung zu Florian.

3. Welche Schwierigkeiten habe ich heute bereitet? Peter wurde durch meinen Wecker wach. Die Kinder mussten das Frühstück richten. Ich bat Florian, die Katze zu füttern, obwohl er das auch von alleine gemacht hätte. Die Fahrzeuge hinter mir mussten warten, weil ich den Fußgänger über die Straße gehen ließ. Ich äußerte mich abfällig über das Aussehen einer Kollegin. Ich schimpfte Peter, dass er ausgerechnet heute Wäsche waschen musste. Ich aß zwei Portionen Nachtisch. Ich fuhr Florian an, als der beim Fernsehen zwischen den Programmen wechselte. Ich mischte mich in eine Diskussion der Kinder ein. Ich war am Abend schlecht gelaunt und verdarb allen die Stimmung.

sprochen? Und so weiter. Versuchen Sie, sich an möglichst viele Details zu erinnern, und stellen Sie sich, während Sie den Tag Revue passieren lassen, die drei Fragen:

1. Was hat ... ich heute für mich getan?
2. Was habe ich heute für ... getan?
3. Welche Schwierigkeiten/Umstände habe ich heute bereitet?

Nach ungefähr 20 Minuten, in denen Sie Ihren heutigen Tag genau betrachtet und die Erlebnisse den drei Fragen zugeordnet haben, schreiben Sie alles, was Ihnen eingefallen ist, auf. Am besten besorgen Sie sich ein dickes Heft oder ein Tagebuch, in dem Sie die Ergebnisse dieser und weiterer Naikan-Sitzungen festhalten können. Fällt Ihnen zu einer Frage keine Antwort ein, schreiben Sie einfach: »Nichts gefunden.« Das ist völlig in Ordnung und wird Ihnen anfangs häufiger passieren. (Lesen Sie dazu dann die Hinweise und Tipps ab Seite 46 bis Seite 56.) Auf Seite 28/29 finden Sie das Beispiel eines Tagebucheintrags.

Naikan hat Langzeitwirkung

Wenn Sie alles aufgeschrieben haben, sind Sie fertig für heute, mehr ist nicht zu tun. Das ist völlig unspektakulär, nicht wahr? Fast schon langweilig? Unterschätzen Sie nicht die Langzeitwirkung dieser Übung. Insbesondere wenn Sie diese Übung täglich machen, werden Sie bald feststellen, dass Sie mehr auf bestimmte Dinge achten, Sie Ihren Tag bewusster erleben. Und auch die dritte Frage ist gar nicht so schlimm, wenn Sie sich einfach an die Tatsachen halten. Das ist die Schwierigkeit, aber auch die große Kunst beim Naikan – die einfachen Tatsachen zu sehen, ohne zu interpretieren und zu werten.

Es kann natürlich auch sein, dass Sie schon vor Beendigung Ihrer ersten Übung versucht sind, dieses Buch in die Ecke zu werfen. Vielleicht denken Sie: »So ein Unsinn, wieso sollte ich überlegen, wem ich Schwierigkeiten gemacht habe? Was ist mit dem, was ich heute von meinen Kindern, meinem Chef, den Kollegen usw. erdulden musste?« Sie haben absolut recht – aus Ihrer Sicht. Nur hilft es nichts, darauf zu pochen, denn jeder andere, mit dem Sie zu tun haben, fühlt sich ebenfalls – aus seiner Sicht – im Recht. Diese Sichtweise ist einseitig und subjektiv, also gefärbt von Stimmungen, Erwartungen und Wünschen, und bringt Sie nicht weiter.

Niemand hat mich angeklagt

Plötzlich war ich nicht mehr das arme Opfer der Fehler anderer, wie ich früher oft gedacht habe. Plötzlich war ich der dankbare Mensch, der in seiner Lebensgeschichte ganz viel Liebe und Zuneigung erfahren hat. Auch war ich nicht nur der undankbare Egoist, der ich zu sein glaubte. Und ich erkannte mit leichtem Herzen meine Fehler und Schwächen, meine kleinen und großen Grausamkeiten, die ich meinen Lieben angetan habe. Die Betonung liegt auf »mit leichtem Herzen«, denn es hat mich niemand angeklagt, ich erkannte das alles aus der Perspektive der anderen, von außen. Nur dass die anderen nicht da waren. Sie konnten mich gar nicht verurteilen – und ich mich selbst auch nicht.

Jasmina W.

Versuchen Sie deshalb, die Widerstände gegen die Frage nach den Schwierigkeiten, die Sie bereiten, zu ignorieren und zu überwinden. Sie werden sehen, gerade die dritte Frage bringt die wichtigsten Erkenntnisse und wird Ihnen helfen, auf lange Sicht mehr Gelassenheit gegenüber sich selbst und anderen zu entwickeln.

Fokus wechseln und durchhalten

Ziel ist, Naikan und die drei Fragen in das tägliche Leben zu integrieren. Das erfordert jedoch eine gewisse Routine, die nur die Zeit bringen kann. Damit es Ihnen leichter fällt, durchzuhalten, können Sie nach einiger Zeit den Fokus Ihrer Betrachtung wechseln. Wenn Sie zwei bis vier Wochen das tägliche Naikan angewendet haben, können Sie den Tag beispielsweise im Hinblick auf Ihren Partner, Ihre Kinder oder Ihre Arbeit ansehen. Und schließlich können Sie sich von der Tagesstruktur lösen und sich in Bezug auf bestimmte Personen oder Themen in größeren Zeitabschnitten prüfen. Wichtig ist aber, dass Sie jedem Thema neben der täglichen Zeit der Reflexion auch einen ausreichenden Zeitraum über mehrere Tage oder Wochen widmen und nicht von einem zum anderen springen.

Vertieftes Naikan gegenüber einem Tag

Sie können nun also in einem nächsten Schritt das tägliche Naikan vertiefen und sich mit den drei Fragen gegenüber einer bestimmten Person, mit der Sie häufig oder zumindest regelmäßig zu tun haben, oder gegenüber einem Thema, das Sie häufig beschäftigt, prüfen.

Tägliches Naikan gegenüber der Partnerschaft

Eine besondere Stellung nimmt im täglichen Leben unser jeweiliger Partner und Lebensgefährte ein – zum einen, weil wir zu ihm ein sehr intimes Verhältnis haben, zum anderen weil es mit ihm vielfältige Reibungspunkte bei der kleinen Alltagsgestaltung und bei der großen Lebensplanung gibt. Deshalb lohnt es sich, die Aufmerksamkeit auf diese Person zu richten. Stellen Sie sich die drei Fragen in der folgenden Art und Weise:

1. Was hat mein Partner/meine Partnerin heute für mich getan?
2. Was habe ich heute für ihn/sie getan?
3. Welche Schwierigkeiten habe ich ihm/ihr heute bereitet?

Achten Sie wieder darauf, dass Sie sich nur auf Fakten konzentrieren, und vermeiden Sie jegliche Interpretation und Wertung. Schreiben Sie Ihre Antworten wie gewohnt in Ihr Tagebuch. Ein Beispiel für ein tägliches Naikan gegenüber dem Partner finden Sie auf der folgenden Seite. Ein solches Naikan ist sehr hilfreich, wenn Sie das Gefühl haben, Ihre Partnerschaft könnte wieder etwas Schwung vertragen, oder wenn Sie einfach neugierig sind, welche Erkenntnisse Ihnen die Betrachtung bringt. Auf jeden Fall bringen Sie etwas Ordnung und Klarheit in Ihre Partnerschaft und Ihre Gefühle. Hinweise für eine intensivere Beziehungsarbeit mit Naikan finden Sie im dritten Kapitel ab Seite 148. Dort wird das Naikan gegenüber dem Partner auf die klassische Weise (wie auch im 7-tägigen Naikan) angewendet. Dabei betrachten Sie Ihre Beziehung über mehrere Tage oder sogar Wochen hinweg in Zeitabschnitten von jeweils einigen Jahren.
Bei ernsthaften Beziehungsproblemen und Partnerkonflikten sollten Sie allerdings die professionelle Hilfe von entsprechenden Therapeuten in Anspruch nehmen und/oder eine Naikan-Woche absolvieren. Schon mehrfach durfte ich dabei erleben, dass beziehungsmüde Menschen mit dem festen Vorsatz in eine Naikan-

Woche kamen, sich vom Partner zu trennen, und es gegen Ende der Woche kaum mehr aushalten konnten, nach Hause zu fahren, um die Beziehung wieder aufzubauen und zu beleben.

BEISPIEL FÜR EIN TÄGLICHES NAIKAN GEGENÜBER DEM PARTNER

Peter, 17. September 2010

1. Was hat er heute für mich getan? Er machte mich auf einen interessanten Artikel in der Zeitung aufmerksam. Er fuhr mit meinem Auto in die Waschanlage. Er kochte Spaghetti mit Tomatensoße. Er half mir beim Wäscheaufhängen. Er lud mich ins Kino ein.

2. Was habe ich heute für ihn getan? Ich massierte ihm den Nacken. Ich sortierte seine Wäsche. Ich bereitete den Nachtisch. Ich suchte im Internet nach den Anfangszeiten für den Film.

3. Welche Schwierigkeiten habe ich ihm bereitet? Ich hatte eine schwarze Socke in der weißen Wäsche übersehen, sodass seine Hemden grau wurden. Ich unterbrach ihn, als er mit den Kindern schimpfte. Ich räumte seinen Schreibtisch auf. Ich kritisierte seine (Un-)Ordnung.

Achtung: Was fällt Ihnen bei dem Wort Unordnung auf? – Das »Un« vor dem Wort »Ordnung« stellt bereits eine Wertung dar! Im Lauf der Zeit werden Ihnen solche Interpretationen immer deutlicher auffallen. Damit können Sie sie schließlich immer mehr vermeiden.

Falls Ihnen bei der einen oder anderen Frage wirklich gar nichts einfällt, schreiben Sie »nichts gefunden« und lesen den Abschnitt »Ich finde kaum Antworten – was tun?« (ab Seite 46).

Naikan und Ihre Kinder

Wenn Sie das tägliche Naikan gegenüber Ihren Kindern anwenden, gelten dieselben Regeln wie schon vorher: Betrachten Sie den Tag in kontemplativer Weise für mindestens 20 Minuten, ordnen Sie die Begebenheiten, die Ihnen einfallen, dabei den drei Fragen zu, und schreiben Sie das Ergebnis in Ihr Tagebuch.

Für mich ist es immer wieder spannend, mich regelmäßig dahingehend zu prüfen, was ich für meine Kinder tue und was sie für mich tun. Noch spannender aber ist die dritte Frage in Bezug auf Kinder. Mir scheint, eine der häufigsten Schwierigkeiten, die ich bereite, ist die, keine machen zu wollen. Das macht vor allem meinem Mann oft Probleme. Ich erkläre das am besten an einem Beispiel:

Einer meiner Söhne lässt morgens seine benutzte Kakaotasse auf der Spülmaschine stehen, statt sie einzuräumen. Mein Mann sieht die Tasse, lässt sie aber stehen und macht Florian darauf aufmerksam, dass er seine Tasse in die Spülmaschine räumen soll. Aus irgendwelchen Gründen bleibt die Tasse doch draußen stehen.

Obwohl ich das Gespräch der beiden miterlebt habe und eigentlich die Tasse stehen lassen wollte, bis Florian sie selbst wegräumt, packe ich sie in die Maschine. Zum einen, weil ich diese jetzt anstellen möchte, und zum anderen, weil ich zu bequem bin, Florian aufzufordern, sie jetzt sofort einzuräumen.

In diesem Fall bereite ich sowohl meinem Mann als auch Florian Schwierigkeiten, weil ich nicht die Geduld aufbringe, Letzterem seine Aufgabe selbst zu überlassen. Er lernt damit, dass er nur lange genug etwas nicht tun muss, damit sich alles von alleine erledigt, was wiederum meinen Mann zur Weißglut bringt.

Möglicherweise hätten Sie im Fall einer benutzten Tasse als Antwort auf die zweite Frage (»Was habe ich für mein Kind heute getan?«) in Ihr Tagebuch geschrieben: »Ich habe die Tasse in die

Spülmaschine geräumt.« Das wäre jedoch nur dann richtig, wenn Sie das vorangegangene Gespräch zwischen Vater und Sohn nicht mitgehört hätten und wenn dieser Vorgang ein Einzelfall wäre. In meinem Fall habe ich den gleichen Satz der dritten Frage zugeordnet, also als Schwierigkeit, die ich dem Kind (und meinem Mann) bereitet habe. Denn unter erzieherischen Gesichtspunkten verursache ich meinem Sohn Probleme, weil er etwas Falsches lernt, und unter partnerschaftlichen Aspekten mache ich meinem Mann Schwierigkeiten, weil ich seine Erziehung unterlaufe.

 ACHTUNG: ZWEITE ODER DRITTE FRAGE?

Vieles, was wir für unsere Kinder tun, ist eher der dritten als der zweiten Frage zuzuordnen, nämlich immer dann,

- wenn wir etwas aus Ungeduld tun (ich will nicht warten, bis er/sie es endlich selbst getan hat),
- wenn wir zu bequem sind (ich mag ihn/sie jetzt nicht auffordern, es zu tun),
- wenn wir keine Lust zu oder Angst vor Auseinandersetzungen haben (ich will eine patzige Antwort vermeiden oder nicht wieder hingehalten werden).

Eine andere Schwierigkeit, die ich oft bereitete, ist meine Nörgelei. Lange Zeit war die Kommunikation mit meinen Kindern von unangenehmen Fragen geprägt: »Hast du schon Hausaufgaben gemacht?« »Hast du dein Pausenbrot schon wieder nicht gegessen!?« »Hast du schon dein Zimmer aufgeräumt?« »Warum hast du den Mülleimer noch nicht ausgeleert?«. Und so fort. Solche

Fragen rufen beim Gegenüber ein schlechtes Gewissen hervor und wecken sofort das Gefühl, sich verteidigen zu müssen. Sie sind deshalb der Beziehung zum Kind ebenso wie seiner Erziehung wenig zuträglich.

Als ich täglich Naikan gegenüber meinen Kindern praktizierte, habe ich viele Schwierigkeiten entdeckt. Ergebnis: Das Leben mit den Kindern wurde viel entspannter, seit mir mein Verhalten bewusster geworden ist und ich es dadurch besser steuern kann. Haben Florian oder Sascha dann wieder einmal einen Teller stehen lassen, obwohl sie mehrmals aufgefordert worden waren, diesen wegzuräumen, kam es schon mal vor, dass sie ihn in ihrem Bett wiederfanden. Dafür wurden die lästigen Fragen, auf die es keine Antworten gibt (siehe oben), weniger.

Naikan gegenüber der Umwelt

Wie oben schon erwähnt, kann man Naikan nicht nur gegenüber Personen, sondern auch gegenüber Themen anwenden. Beziehen Sie dabei die drei Fragen auf alles, was mit diesem Thema zu tun hat. Als Beispiel nehme ich ein Thema, das mir persönlich besonders am Herzen liegt und dem gegenüber ich mich immer wieder prüfe: die Umwelt. Ich betrachte dabei mein Verhalten zu Müll, Strom, Wasser, Energie … Wenn Sie das versuchen, werden auch Ihnen mit der Zeit Ihre »Umweltsünden« auffallen, und Sie erhalten so die Möglichkeit, etwas zu ändern. Ich habe übrigens auch festgestellt, dass ich mich viel weniger über die Umweltsünden anderer Leute entrüste, seit ich meine eigenen besser kenne.

Auf der folgenden Seite finden Sie einen beispielhaften Tagebucheintrag bezogen auf das Thema Umwelt und bezogen auf einen bestimmten Tag. Natürlich können Sie stattdessen auch jedes andere Thema wählen, das Ihnen besonders wichtig ist.

BEISPIEL FÜR TÄGLICHES NAIKAN GEGENÜBER DER UMWELT

Umwelt, 15. August 2011

1. Was hat die Umwelt heute für mich getan? Ich hatte Luft zum Atmen. Ich hatte Wasser zum Trinken, zum Zähneputzen und Waschen, und es kam praktischerweise direkt aus der Leitung. Die Vögel zwitscherten fröhlich. Ich sah einen wunderschönen Schmetterling. Die hellgrünen Blätter der Linde vor unserem Haus leuchteten in der Sonne. Der Regenschauer kühlte die heiße Luft. Die ersten Tomaten im Garten waren reif, und ich konnte sie ernten und essen.

2. Was habe ich heute für die Umwelt getan? Ich habe die Plastikverpackung in den Kunststoffmüll geworfen und die Flaschen in den Glascontainer. Ich bin mit der Straßenbahn statt mit dem Auto zur Arbeit gefahren. Ich habe den Computer ganz ausgeschaltet und nicht im Stand-by-Modus gelassen. Ich habe die Kartoffeln in einer Schüssel gewaschen und das Wasser anschließend zum Blumengießen verwendet.

3. Welche Schwierigkeiten habe ich der Umwelt heute bereitet? Ich habe ein Stück altes Brot weggeworfen. Ich vergaß, das Licht im Flur auszuschalten, als ich morgens zur Arbeit ging. Ich fuhr mit dem Auto zum Einkaufen statt mit dem Rad, obwohl ich nur wenige Dinge kaufte. Ich war ungeduldig und fuhr rasant statt benzinsparend. Ich badete statt zu duschen. Wieder kaufte ich einen 3er-Pack T-Shirts, obwohl wir genug davon zu Hause haben. Ich schaltete den Computer nicht auf Stromsparmodus, als ich in die Küche zum Kochen ging.

Naikan in verschiedenen Zeitabschnitten

Das klassische Naikan, so wie Ishin Yoshimoto es entwickelte, wird auf Zeitabschnitte bezogen angewendet, wobei die Intervalle jeweils einige Jahre umfassen können. Auch Sie können also die drei Fragen nicht nur auf den heutigen Tag beziehen, sondern Naikan gegenüber dem Partner vom Tag des Kennenlernens an praktizieren oder Naikan gegenüber einem Kind vom Tag seiner Geburt an (dazu mehr in Kapitel drei). Geht es um die Beziehung zu den eigenen Eltern, beginnen wir mit dem Tag unserer eigenen Geburt (dazu mehr in Kapitel zwei). Bei einem wichtigen Thema setzen Sie an dem Zeitpunkt an, zu dem es anfing, eine Rolle in Ihrem Leben zu spielen. In all diesen Fällen betrachtet man nicht den gesamten Zeitraum auf einmal, sondern teilt ihn in kleinere Zeitabschnitte ein.

Körper-Naikan

Für erste Erfahrungen, mit dieser Art im Naikan vorzugehen, eignet sich sehr gut die Auseinandersetzung mit dem eigenen Körper. Aber natürlich können Sie, wie mittlerweile gewohnt, auch das tägliche Naikan auf den Körper anwenden.

Ein wunderschönes Erlebnis hatte ich mit der Teilnehmerin einer Naikan-Woche, die sich an den Geschmack ihres ersten Kaugummis, an den Geruch der Obstbäume im Frühling, an das aufregende Gefühl der ersten sinnlichen Berührung und vieles mehr erinnern konnte. Sie schwelgte in der Erinnerung an Körpergenüsse und zeigte mir damit, wie umfassend die drei Fragen in Bezug auf den Körper genutzt werden können. Nach der Naikan-Woche hörte sie übrigens das Rauchen auf. Das schafft natürlich nicht jeder, doch es lohnt sich auf alle Fälle, die Einstellung zu und den Umgang mit dem eigenen Körper anhand der drei Fragen zu durchleuchten.

//

Wie gibt's denn das?

Ich merkte, ich rauchte nur noch vier oder fünf Zigaretten am Tag. Wie gibt´s denn das, dachte ich und war total fasziniert davon. Das Körper-Naikan macht einem so richtig bewusst, wie wenig man eigentlich für seinen Körper tut – einfach erschreckend. Ich dachte dann: So, jetzt hast du noch vier Stück in der Schachtel drin, die rauchst du noch, und dann ist Sense. Seit Sonntag rauche ich nicht mehr.

Sabine M.

//

Konzentrieren Sie sich zunächst auf Ihre ersten sechs bis zehn Lebensjahre. Fotoalben und die Erzählungen von Eltern, Großeltern, Tanten und anderen Familienmitgliedern können helfen, diese Zeit wieder lebendig werden zu lassen. Dann stellen Sie sich die Naikan-Fragen folgendermaßen:

1. Was hat mein Körper in dieser Zeit für mich getan oder mir ermöglicht?
2. Was habe ich in diesem Zeitraum für meinen Körper getan?
3. Welche Schwierigkeiten habe ich meinem Körper in dieser Zeit bereitet?

Die möglichen Antworten sind so vielfältig wie das Leben selbst. Achten Sie einfach darauf, was Ihnen spontan in den Sinn kommt, suchen Sie also nicht krampfhaft. Meditieren Sie 20 bis 50 Minuten darüber und schreiben dann alles, was Ihnen eingefallen ist, in Ihr Tagebuch, jeweils den drei Fragen zugeordnet.

 BEISPIEL FÜR EIN KÖRPER-NAIKAN IN ZEITABSCHNITTEN

Alter 0 bis 10 Jahre

1. Ich konnte auf hohe Bäume klettern. Ich liebte es, auf dem Kirschbaum zu sitzen und Kirschen zu essen. Ich konnte im Wasser auf dem Rücken liegen. Ich konnte Fahrrad fahren. Ich roch gerne an Birnen und Äpfeln. Ich konnte gut singen. Ich konnte gut sehen und habe gern gelesen. Ich konnte Ballspiele und Seilhüpfen. Ich konnte die Tiere im Zoo streicheln und das weiche Fell spüren.

2. Ich putzte mir die Zähne. Ich duschte und badete regelmäßig. Wenn ich krank war, nahm ich die Medizin.

3. Ich stürzte mit dem Fahrrad und schrammte mir den Oberschenkel auf. Ich brach mir beim Schlittschuhlaufen die Hand. Ich verweigerte im Krankenhaus die Suppe und schüttete sie heimlich in die Toilette. Ich aß Schokolade, bis mir schlecht wurde. Häufig vergaß ich, die Zähne zu putzen. Ich hörte aus Bequemlichkeit das Turnen auf, obwohl es für meinen Körper eine gute Übung war.

Damit Sind Sie wieder fertig für heute. Morgen betrachten Sie die nächsten vier Jahre, also Ihr Lebensalter zwischen 10 und 14 Jahren, mithilfe der gleichen Fragen, übermorgen die Zeit von 14 bis

18, und so prüfen Sie sich gegenüber Ihrem Körper bis heute. Den ersten Abschnitt haben wir etwas länger angesetzt, da wir uns üblicherweise an die Anfänge weniger gut erinnern. Geschah in einem Zeitraum besonders viel, haben Sie auch jederzeit die Möglichkeit, die Perioden zu verkürzen, also sich nur ein oder zwei Jahre anzuschauen. Sie werden sehen, wie spannend es sein kann, die eigene körperliche Entwicklung auf diese Art wieder zu erleben.

Körper-Naikan einer 70-Jährigen

Anlässlich ihres 70. Geburtstages reflektierte eine Übende mithilfe der drei Naikan-Fragen über ihren Körper. Einige der humorvollen Antworten möchte ich Ihnen nicht vorenthalten:

1. Was hat mein Körper für mich getan?

• Vor 69 Jahren ermöglichten mir meine Füße, aufrecht zu stehen. Seitdem haben sie mich überallhin getragen. Sie trugen mich über Berge und auf regelmäßigen kilometerlangen Spaziergängen. Kann ich meinem Schrittzähler trauen, haben sie mich an vielen Tagen über 7 000 Schritte weit getragen.

• Meine Beine begleiteten meine Füße auf all diesen Kilometern und haben zusätzlich diese nette Einrichtung, die Knie beugen zu können, was mir ermöglichte, auf Schränke zu klettern, unter das Bett zu schauen und meinen Enkeln von Auge zu Auge zu begegnen, als sie noch klein waren. Die Knie erlaubten mir, auf Stühlen zu sitzen und wieder aufzustehen. Als junge Frau erlaubten sie mir, einen Kilometer täglich zu schwimmen und Rad zu fahren. Meine wunderbaren Knie hielten es sogar aus, ein- und wieder ausgefaltet zu werden während meiner Zeit der Zen-Meditation.

• Wo wären meine Füße und Beine ohne meine Hüften? Mit 70 Jahren sind meine Hüften immer noch beweglich und zuverlässig, lassen mich in Autos ein- und wieder aussteigen und machen sogar das Fahrradfahren noch möglich.

Auf sehr humorvolle Art kam die alte Dame auf diese Weise in insgesamt acht Schritten bis zum Kopf. Sie beschrieb, dass ihr Gehirn jetzt zwar etwas langsamer als früher arbeitet, sie sich aber immer noch den Text zu ihrem langjährigen Lieblingslied »I did it my way« merken kann.

Auf die zweite Frage hatte sie unter anderem folgende Antworten:

2. Was habe ich für meinen Körper getan?

• Vor ungefähr 30 Jahren befreite ich meinen Körper von der Last, sich mit Alkohol und Zigaretten auseinandersetzen zu müssen.

• Ich lege meinen Körper jede Nacht ins Bett und lasse ihn dort mindestens sieben Stunden schlafen.

• Fast jeden Tag schenke ich meinem Körper eine heiße Dusche, was er sehr genießt.

Zur dritten Frage fand sie folgende Antworten:

3. Welche Schwierigkeiten habe ich meinem Körper bereitet?

• Als mein Körper und ich jünger waren, war ich schrecklich zu ihm. Ich trank exzessiv und rauchte wie ein Schlot. Während der Zeit war mein Körper oft unglücklich, fühlte sich schlecht und wurde krank.

• Jahrelang mutete ich meinem Körper ein Übergewicht von gut 15 kg zu.

• Manchmal esse ich mehr, als meinem Körper guttut, was ihm ein unangenehmes Völlegefühl beschert.

• Meine Füße verlangen ab und an nach neuen Schuhen, was ich immer wieder ignoriere.

DIE WICHTIGSTEN NAIKAN-REGELN IM ÜBERBLICK

Naikan ist eine Methode der Selbstbetrachtung. In der klassischen Form wird Naikan innerhalb einer Woche praktiziert, in der man sich anhand der drei Naikan-Fragen in Bezug auf seine Vergangenheit und im Hinblick auf wichtige Personen und Themen prüft. Bei dieser Prüfung geht man in Zeitabschnitten von circa 4 Jahren vor, die Zeiträume können aber auch variiert werden. Die drei Naikan-Fragen lauten dementsprechend:

1. Was hat diese Person/dieses Thema in diesem Zeitraum für mich getan oder mir ermöglicht?
2. Was habe ich in diesem Zeitraum für diese Person/für dieses Thema getan?
3. Welche Schwierigkeiten habe ich dieser Person/diesem Thema in diesem Zeitraum bereitet?

Das tägliche Naikan, wie Sie es kennengelernt haben, dauert 20 bis 50 Minuten, in denen Sie Ihre Gedanken um die drei Fragen kreisen lassen. Anschließend schreiben Sie die Antworten auf (circa 10 Minuten). Beachten Sie dabei folgende Regeln:

- **Nicht springen:** Bleiben Sie während der Übung bei einer Person oder einem Thema. Springen Sie nicht von einem zum anderen, auch wenn es sich aufdrängen sollte.
- **Chronologisch vorgehen:** Außer beim Naikan bezogen auf einen Tag prüfen Sie sich gegenüber einer Person vom Kennenlernen bis heute oder bis die Person aus Ihrem Leben verschwand in ungefähr gleich großen Zeiteinheiten von maximal 4 Jahren. Bei

einem Thema, zum Beispiel Ihrem Körper, beginnen Sie in der Kindheit (0–6 oder 0–10 Jahre) und prüfen sich dann ebenfalls in Zeiteinheiten von maximal 4 Jahren bis heute. Bei Themen, die später auftraten, beginnen Sie mit der Zeit, als das Thema Bedeutung erlangte, und prüfen sich bis heute oder zu dem Tag, an dem das Thema beendet war.

- **Regelmäßig üben:** Üben Sie täglich, möglichst zur gleichen Zeit in gleicher Länge (30–60 Minuten inklusive Tagebucheintrag).
- **Erst schauen, dann schreiben:** Die kontemplative Betrachtung des zu prüfenden Zeitraums und die Zuordnung zu den drei Fragen nimmt den größten Teil der Zeit ein (20–50 Minuten). Schreiben Sie dann erst die Antworten in Ihr Tagebuch.
- **Durchhalten:** Naikan anzufangen, nach kurzer Zeit mangels greifbarer Ergebnisse wieder aufzuhören und schließlich wieder anzufangen, bringt so wenig, wie einen Frühjahrsputz in zehn Zimmern gleichzeitig zu beginnen. Wenn Sie merken, dass Sie die Disziplin zum täglichen oder zumindest regelmäßigen Üben nicht aufbringen können, sollten Sie vielleicht eine Naikan-Woche absolvieren.
- **Nichts erwarten:** Setzen Sie sich nicht unter Druck, indem Sie bestimmte Ergebnisse erwarten (mehr Selbstbewusstsein, weniger rauchen). Nur wenn Sie alles offen lassen und anschauen, was durch Naikan passiert, bemerken Sie Veränderungen.
- **Humor bewahren:** Gehen Sie nicht verbissen an die Sache heran, sondern mit Humor. Ein gewisses Augenzwinkern gegenüber sich selbst ebnet Ihnen den Weg der Selbsterkenntnis!

Häufige Fragen und Themen

Bei Naikan-Übenden tauchen gemeinhin immer wieder ganz ähnlich lautende Fragen auf. Sie beziehen sich meist auf die Prinzipien und Techniken der Methode, aber auch auf deren Wirkung und Ziele sowie auf bestimmte Inhalte.

Ich finde kaum Antworten – was tun?

Weiter oben habe ich bereits angedeutet, dass die beiden ersten Naikan-Fragen – Was hat jemand für mich/habe ich für jemanden getan? – üblicherweise recht einfach zu beantworten sind und Probleme eher bei der dritten Frage – Welche Schwierigkeiten habe ich bereitet? – auftreten. Es kommt aber gar nicht so selten vor, dass Naikan-Einsteiger auch auf die Fragen eins und zwei keine rechte Antwort finden, vor allem am Anfang. Doch das Problem legt sich mit der Zeit. Ist aber der Eintrag »nichts gefunden« über Tage oder gar Wochen immer wieder in Ihrem Tagebuch vorzufinden, dann lesen Sie den Abschnitt »Wichtige Hinweise für die Praxis« (Seite 20–24) sowie die folgenden Seiten.

Sie haben keine Antwort auf die erste Frage?

Wenn wir keine Antworten auf die erste Frage finden, liegt das meistens daran, dass wir viele Dinge als ganz selbstverständlich ansehen – wir tun uns schwer damit, alltägliche Dinge als Geschenk zu nehmen. Darüber hinaus neigen wir dazu, uns auf das zu konzentrieren, was wir uns wünschen, und leiden schrecklich, wenn wir es nicht bekommen. Was wir tatsächlich erhalten, übersehen wir geflissentlich. Da gilt es also, genau hinzuschauen!

Begleitet Sie Ihre Partnerin zum Arzt, schenkt sie Ihnen Zeit und ihre Anwesenheit, auch wenn Sie in erster Linie daran denken, dass Sie durch Ihre Krankheit der Leidtragende sind. Kümmert sich Ihr Partner darum, dass Ihr Auto durch den TÜV kommt, wendet er ebenfalls Zeit auf und erspart Ihnen so manchen Ärger – auch wenn Sie in derselben Zeit vielleicht andere Dinge für ihn erledigt haben! Dass wir im Winter nicht frieren müssen, verdanken wir einer funktionierenden Heizung, die vor langer Zeit jemand erfunden hat, irgendwann von jemandem in unsere Wohnung eingebaut wurde und die ihre Dienste auf eine einfache Drehbewegung hin verrichtet. Dass es nicht durch die Wohnung zieht, verdanken wir der genialen Erfindung von Glas, das in Form von Scheiben in unsere Fenster so perfekt eingepasst wird, dass wir durchsehen können und Licht erhalten, ohne dafür die eisige Kälte spüren zu müssen. Dass wir uns Schuhe kaufen können, die unsere Füße vor Kälte und Verletzungen schützen, verdanken wir vielen Menschen und Maschinen, die tagtäglich dafür sorgen, dass neues Schuhwerk in allen Größen, Formen und Farben produziert wird. Diese Beispiele könnten wir unendlich fortsetzen – es gibt also genug, wofür wir täglich dankbar sein können.

SELBSTVERSTÄNDLICHKEITEN ALS GABEN ERKENNEN

Was Ihnen Gutes im Leben widerfährt, können Sie sehr deutlich erkennen, wenn Sie sich vorstellen, dass bestimmte Dinge, die Sie als selbstverständlich hinnehmen, nicht mehr funktionieren: die Heizung, die Spülmaschine, das Auto. Oder auch wenn andere Menschen nicht mehr das tun würden, was sie üblicherweise tun: einmal wöchentlich den Müll abholen, Ihren Kindern Lesen, Rechnen und Schreiben beibringen, Sie bei Krankheit pflegen oder Ihre Eltern im Alter. Wenn wir uns hin und wieder Gedanken machen, wie unser Leben wäre, wenn es keine Müllfahrer, Lehrer, Kranken- und Altenpfleger gäbe, können wir sehr schnell Antworten finden auf die Frage: Was habe ich bekommen?

Natürlich sind wir unglücklich oder verärgert, wenn keiner uns zum Arzt begleitet, die Heizung streikt, eine Scheibe kaputt geht oder der Schuh drückt. Doch macht es uns unzufrieden und unglücklich, wenn wir uns allzu sehr darauf konzentrieren. Menschen, die Glück und Zufriedenheit ausstrahlen, sprechen selten von Dingen, die in ihrem Leben schieflaufen, oder über die Tage, an denen sie unglücklich oder traurig sind. Allerdings nicht, weil es das in ihrem Leben nicht gäbe, sondern weil das für sie kein großes Drama ist. Sie verwenden auf diese Dinge und Gefühle möglichst wenig Zeit und Energie, gerade eben so viel, wie es braucht, den Zustand zu ändern. Ist etwas nicht zu ändern, nehmen sie es als Tatsache hin und haken es ab.

Wenn Sie also zur ersten Frage keine Antworten finden, hilft es Ihnen, auch das als Geschenk zu sehen, was Sie bisher vielleicht gar nicht bemerkt haben. Das kann das warme Wasser sein, das aus der Leitung kommt, oder die Verkäuferin, die Ihnen ein freundliches Lächeln schenkt, oder der Kollege, der die Tür etwas länger hält, damit sie Ihnen nicht auf die Nase fällt … Das hat nichts mit »Schönreden« zu tun oder damit, negative Gefühle zu verdrängen. Sind Sie genervt, weil Sie krank sind, ist das eben jetzt Ihr Gefühl, das ist eine Tatsache. Trotzdem bringt Ihnen die Krankheit auch etwas: Sie erhalten Zuwendung von Sprechstundenhilfen, von Arzt und Apotheker, Anteilnahme von Angehörigen, Freunden und Kollegen, eine Auszeit, die Sie sich sonst vielleicht nicht gegönnt hätten, und so fort. Mit ein wenig gutem Willen werden Sie einiges finden, was eine Krankheit im Sinne der ersten Frage für Sie tut, und auch das sind Tatsachen.

Wenn Sie auf diese Weise an die erste Frage herangehen, wird es Ihnen mit der Zeit immer leichter fallen, etwas zu finden, das jemand für Sie getan hat oder das Sie von jemandem oder durch eine Situation bekommen haben. Und Ihre Gefühle und Sichtweisen werden sich damit zum Positiven hin verändern!

Sie finden nichts zur zweiten Frage?

Es kommt so gut wie nicht vor, dass wir der Welt gar nichts zu geben haben oder nichts zurückgeben. Meist ist es uns durchaus ein Bedürfnis, empfangene Freundlichkeiten, Geschenke oder Gefälligkeiten irgendwie auszugleichen. Vielleicht nicht immer sofort, aber doch irgendwann. Darüber hinaus gilt bei der zweiten Naikan-

Frage analog zur ersten: Das, was wir geben, muss dem anderen nicht unbedingt Freude bereiten oder gefallen, es muss ihm noch nicht einmal auffallen. Heben Sie beispielsweise eine Zigarettenschachtel auf, die auf dem Bürgersteig liegt, um sie in den Abfall zu werfen, haben Sie etwas für die Umwelt getan. Im Grunde auch für jenen Unbekannten, der die Schachtel achtlos fallen ließ. Wenn Sie mit dem Auto anhalten, um einen Passanten die Straße überqueren zu lassen, kann es sein, dass diesem Ihre Freundlichkeit nicht auffällt. Trotzdem haben Sie es für ihn getan!

VERMEIDEN SIE EINSCHRÄNKUNGEN UND BEWERTUNGEN

Wenn Sie nun doch einiges gefunden haben, was Sie bekommen oder gegeben haben, dann bleiben Sie bei den Tatsachen. Verwässern Sie diese nicht durch Einschränkungen, etwa indem Sie sich sagen: Ich habe ein grünes Kleid bekommen, *aber ich hätte gern ein rotes gehabt.* Geben Sie auch nicht ihrem Unmut Ausdruck, in dem Sie wertende Füllwörter verwenden, etwa: Heute wurde *endlich* die Heizung repariert.

Ähnliches gilt auch für die zweite Naikan-Frage. Hier geht es nicht darum, wie groß das Opfer war, das Sie gebracht haben, oder dass alle Welt Sie für Ihr Tun bewundert. Vielleicht hatten Sie wirklich Wichtigeres zu tun, als *stundenlang* ihre Freundin zu trösten. Aber das ist nicht der Punkt. Wichtig ist, dass Sie es getan haben.

Sie haben also ein Kleid bekommen, die Heizung funktioniert wieder, und Sie haben Ihre Freundin getröstet.

Vor allem nicht materielle Gaben sind oft schwer als Punkte für die zweite Naikan-Frage zu erkennen, zum Beispiel Ihr freundliches Lächeln oder Zeit. Wenn Sie Ihr Kind oder Ihren Partner zum Arzt begleiten, schenken Sie dieser Person Ihre Zeit und sorgen wahrscheinlich dafür, dass sie weniger Angst hat oder sich sicherer fühlt. Und wenn Sie sich die Probleme einer Freundin aufmerksam anhören, sind Sie ganz bei ihr und tun etwas für sie: Sie kann ihr Herz erleichtern und wird sich hinterher besser fühlen. Sie haben ihr Zeit und Aufmerksamkeit geschenkt.

Egal, ob Sie etwas tun, um jemandem einen Gefallen zu erweisen, eine Freude zu bereiten oder einfach, weil Sie darum gebeten wurden – alles, was Sie geben, ist eine Antwort im Sinne der zweiten Naikan-Frage.

Sie bereiten nie Schwierigkeiten – kann das sein?

Nein, das kann nicht sein. Wenn Sie auf die dritte Frage keine Antwort finden, liegt es möglicherweise daran, dass Sie sich selbst noch zum Maßstab anderer machen und Ihre Mitmenschen noch zu sehr aus der eigenen Perspektive betrachten. Sind Sie beispielsweise ein sehr toleranter Typ Mensch, für den es kaum Umstände und Schwierigkeiten gibt, werden Sie wenig zur dritten Frage finden, wenn Sie davon ausgehen, dass andere ebenso tolerant sind wie Sie. Dass andere denken wie Sie, entspricht aber sehr wahrscheinlich nicht den Tatsachen. Sie können das leicht erkennen, wenn Sie sich Vorwürfe aus Ihrem Umfeld vor Augen führen.

• **Kritik ernst nehmen:** Sicher haben Sie schon Sätze zu hören bekommen, die folgendermaßen beginnen: »Du bist immer …« »Nie machst du …« Was dann folgt, ist eine Ihrem Gesprächspartner negativ erscheinende Eigenart Ihrer Persönlichkeit. Auch wenn das »Immer« oder das »Nie« nicht wahr sein kann, so zeigt sich in solchen Aussagen doch eine Schwierigkeit, die Sie diesem Menschen bereiten. Aus seiner Sicht stellt das, was er Ihnen sagt, ein Problem oder etwas Unangenehmes dar. Wenn Sie solche Aussagen einmal nicht zurückweisen, sondern in Betracht ziehen, dass das, was Ihr Gegenüber sagt, im Kern der Wahrheit entspricht, können Sie erkennen, welche Schwierigkeiten Sie anderen bereiten, und verstehen, wie der andere Sie sieht.

Dazu wieder einmal ein Beispiel aus meinem Familienleben: »Du hörst mir nie wirklich zu!« war ein Satz, den einer meiner Söhne mir kürzlich verärgert an den Kopf warf. Als der sich daraus ergebende Streit, angefacht durch meine spontane zornige Reaktion, sich gelegt hatte und ich die Situation noch einmal durchdachte, musste ich mir selbst eingestehen, dass er mit dieser Aussage

Schwierigkeiten entstehen einfach

Klar ist mir auch geworden, dass ich mit der Art und Weise, wie ich handle, meinem Umfeld immer Schwierigkeiten mache. Da gibt es Schwierigkeiten, die kann ich im Sinne von Naikan besser erkennen und daraufhin langsam unterlassen. Und da gibt es Schwierigkeiten, die entstehen einfach, und ich muss es aushalten, dass mein Gegenüber damit Schwierigkeiten hat. Umgekehrt ist es genauso, und ich muss meinem Gegenüber keine Böswilligkeit unterstellen.

Thomas L.

recht hatte. Häufig, wenn er mit mir sprechen, mir etwas erzählen möchte, tue ich nur so, als würde ich zuhören, denke aber dabei an ganz andere Dinge. Daraus resultiert, dass ich Informationen nicht aufnehme und später, wenn er mir sagt: »Das habe ich dir doch schon erzählt!«, von nichts mehr weiß.

Dadurch dass ich diese Tatsache als Schwierigkeit, die ich meinem Sohn bereite, erkannt habe, konnte ich mein Verhalten ändern und versuche jetzt, ihm genau zuzuhören. Geht das einmal nicht, sage ich ihm das ehrlich und bitte ihn, mir das ein anderes Mal zu erzählen, wenn ich mehr Zeit oder Geduld habe. Seitdem kommt es zwischen uns weniger zu Auseinandersetzungen.

• **Versehentlich und unbewusst verursachte Schwierigkeiten:** Schwierigkeiten oder Umstände, die wir anderen bereiten, äußern sich allerdings nicht nur im Streit. Auch ohne offensichtliche Konsequenzen bereiten wir unseren Mitmenschen täglich größere oder kleinere Probleme: Weil Sie Ihre persönlichen Dinge auf dem Esstisch der Wohngemeinschaft lagern, der eigentlich für die Allgemeinheit gedacht ist; weil Sie die Hemden Ihres Mannes versehentlich zu heiß waschen, sodass sie eingehen; weil Sie am Morgen lange ausschlafen müssen, um sich zu erholen, Ihre Kinder aber mit Ihnen spielen möchten ... Sogar durch wohlmeinende Geschenke können wir anderen Umstände machen, etwa mit einem Gutschein für ein Wellness-Wochenende, wenn der oder die Beschenkte dann einen Termin finden und vereinbaren muss, eine Bahn- oder Autofahrt damit verbunden ist oder weil das Geburtstagskind gar nicht auf Wellness steht. Achten Sie also im Zusammenhang mit der dritten Frage nicht nur auf die Reaktionen Ihrer Mitmenschen, sondern schauen Sie auch auf Ihr übliches Verhalten. Sie werden feststellen, dass darin so manche Schwierigkeit steckt, die Sie Ihren

lieben Mitmenschen bereiten könnten. Aber Achtung: Wenn Sie
Ihre Naikan-Übung praktizieren, geht es nicht um alle vielleicht
möglichen Schwierigkeiten und Umstände, sondern nur um diejenigen, die Sie zu einer bestimmten Zeit einem bestimmten Menschen tatsächlich bereitet haben! Die Hinweise in diesem Abschnitt
sollen Ihnen lediglich dazu dienen, sich für das Thema »Schwierigkeiten, die ich anderen bereite« zu sensibilisieren.

• **Auf Retourkutschen verzichten:** Bei der Arbeit mit der dritten
Frage taucht bei Naikan-Übenden, insbesondere im Anfangsstadium, häufig der Gedanke auf: »Der andere macht das doch
genauso und noch viel öfter und schlimmer als ich.« Damit haben
Sie womöglich sogar recht, nur – das bringt Sie nicht weiter. Was
andere tun oder nicht tun, sagen oder nicht sagen, fällt unter deren
Verantwortung – nicht in Ihre! Sie üben Naikan schließlich, um
sich selbst besser kennenzulernen. Wenn Sie dabei feststellen, dass
die Menschen in Ihrem Umfeld die gleichen Eigenarten haben
wie Sie selbst, können Sie entscheiden, ob Sie selbst weiterhin so
agieren möchten wie bisher oder nicht. Es liegt also in Ihrer Hand,
ob Sie es in Kauf nehmen, anderen Umstände und Probleme zu
machen, oder ob Sie in Zukunft lieber darauf verzichten. Lassen Sie
dann aber die anderen nicht spüren, dass sie sich in Ihren Augen
»falsch« benehmen – damit würden Sie ihnen wieder Schwierigkeiten bereiten.

Eine wunderbare Übung, die ich Ihnen in diesem Zusammenhang
sehr ans Herz legen möchte, finden Sie auf Seite 127 im Abschnitt
»Zu seinen Schattenseiten stehen«. Wenn Sie diese Übung wie
beschrieben durchführen, wird Ihnen zur dritten Frage immer
etwas einfallen, und Sie werden kaum mehr Gefahr laufen, andere
Menschen wegen ihrer Fehler zu verurteilen.

• **Die Scham überwinden:** Natürlich bleibt es bei der Arbeit mit der dritten Frage nicht aus, dass wir auf Dinge stoßen, die wir als ganz schrecklich empfinden und die wir lieber gar nicht sehen wollen – dass Sie vielleicht seelisch jemanden sehr schwer verletzt haben, dass Sie eine Intrige gesponnen oder einen Unfall verursacht haben und so weiter. Aus Scham trauen wir uns dann häufig nicht, solche Dinge in der Antwort auf die dritte Frage beim Namen zu nennen. Aber auch hier gilt: Es geht im Naikan nicht darum, Ihre »Schuld« herauszufinden, sondern sich anzuschauen, was Sie tatsächlich gemacht haben. Das gehört zu Ihnen ebenso

Zugeben und Loslassen von verdrängten Tatsachen

Gleichzeitig kamen mir auch unangenehme Situationen in den Sinn, die ich noch nicht einmal vor mir selbst zugeben wollte. Ich versuchte, sie schnell wieder zu vergessen, habe mir Ausreden einfallen lassen, wieso und warum, habe sie schöngeredet und verändert. Als ich endlich den Mut aufgebracht habe, vor mir selbst zuzugeben, dass ich mich schlecht verhalten habe, dass ich gemein, unausstehlich, brutal und rücksichtslos war, hat das sehr wehgetan. Doch dieses Zugeben von verdrängten Tatsachen hat auch dazu geführt, dass ich sie annehmen konnte, dass ich sagen konnte: »Ja, es war so«, um sie dann loszulassen, mich von ihnen zu befreien.

Katrin B.

wie Ihre anderen Seiten. Nur wenn Sie ohne Scheu darauf schauen, können Sie sich wirklich ganz selbst erkennen. Nur wenn Sie den »Mist«, den Sie einmal gebaut haben, nicht verdrängen, können Sie auch die Verantwortung dafür übernehmen und so zu einem reiferen Menschen werden. Sie entrüsten sich dann auch weniger über Menschen, die gerade denselben »Mist« machen, und bleiben gelassener.

Wie kann ich die vierte Frage vermeiden?

Ebenso wie es sein kann, dass Sie, zumindest am Anfang, keine Antworten finden, werden Ihnen vermutlich auch immer wieder einmal vor allem Antworten auf die (»verbotene«) vierte Frage einfallen, auf die Frage: Welche Schwierigkeiten hat mir jemand bereitet? Das passiert sogar, obwohl Sie die Frage gar nicht bewusst gestellt und wörtlich formuliert haben. Zum einen kann das daran liegen, dass wir es einfach gewohnt sind, den negativen Erlebnissen und Erfahrungen großes Gewicht zu geben und andere dafür verantwortlich zu machen. Außerdem kann man, insbesondere bei der Frage drei, bestens von sich selbst ablenken, indem man mit dem Finger auf andere zeigt. Nicht zuletzt sind aber manchmal die Verletzungen, die wir erfahren haben, so groß, dass es uns deshalb nur schwer gelingt, die Verursacher nicht anzuklagen und das Geschehene loszulassen. Dennoch: Naikan ist nicht der Weg der Schuldzuweisung, sondern im Gegenteil: Mit Naikan kann es uns gelingen, aus der Opferrolle herauszutreten und mehr und mehr ein selbstbestimmtes Leben zu führen.

Folgende Tipps können helfen, diesen Weg zu größerer Selbsterkenntnis, zu mehr Selbstbestimmung und zu mehr Selbstverantwortung zu gehen.

- Halten Sie sich immer wieder die exakte Formulierung der Naikan-Fragen vor Augen. Das hilft, bei den Tatsachen zu bleiben und Einschränkungen und Schuldzuweisungen zu vermeiden.
- Prüfen Sie Ihre Antworten dahingehend, ob sie explizite oder versteckte Anklagen und Vorwürfe enthalten. Korrigieren Sie Ihren Tagebucheintrag entsprechend, wenn Sie die Antworten bereits schriftlich fixiert haben.

 NUR OHRFEIGEN?

Eine Seminarteilnehmerin hat mir einmal gesagt: »Von meiner Mutter habe ich nur Ohrfeigen bekommen.« Das ist keine Antwort auf die erste Frage, was sie bekommen oder die Mutter für sie getan hat, sondern gehört zur vierten Frage, nämlich was ihr angetan wurde. Zusätzlich weist das Wörtchen »nur« darauf hin, dass die Erinnerung dominiert wird von dem Gefühl, »da war nichts anderes als Gewalt«. Deshalb konnte die junge Frau nicht sehen, was die Mutter sonst noch getan hat – ihr zu essen gegeben, sie zum Arzt gebracht (wenn auch vielleicht mit Widerwillen). Durch Naikan konnte diese Blockade in der Sichtweise aufgelöst werden, und die Teilnehmerin erhielt ein vollständigeres Bild von sich und ihrer Mutter. Es gelang ihr, die Perspektive der Mutter einzunehmen und zu sehen, dass Ihre Kindheit keineswegs nur aus Ohrfeigen bestand.

Verwenden Sie bei der ersten Naikan-Frage am besten die Formulierung: »Was hat ... für mich getan?« Denn »für mich« ist positiv besetzt, und Sie laufen weniger Gefahr, das aufzulisten, was Ihnen jemand angetan hat.

Kann ich mit Naikan meine Schwächen ablegen?

Wie in den einleitenden Abschnitten beschrieben, können wir mit Naikan viele positive Dinge erreichen – mehr Dankbarkeit und Zufriedenheit, größeres Selbstbewusstsein und mehr Selbstverantwortung, Versöhnung mit Vergangenem, Klarheit in Gedanken und im Verhalten. Das alles bekommen wir natürlich nicht von heute auf morgen – Naikan ist auf Langzeitwirkung angelegt (siehe Seite 30): Mithilfe der drei Fragen erhöht sich im Lauf der Zeit unsere Achtsamkeit, dadurch werden uns Verhaltensmuster klar, und wir können daraufhin unsere Einstellungen und Ansichten sowie unser Verhalten bewusst ändern oder auch bewusst beibehalten. Dazu können Sie wie im klassischen Naikan bei der Auseinandersetzung mit den Eltern beginnen, aber auch bei einem Thema ansetzen, das Ihnen gerade besonders am Herzen liegt – und das ist bei vielen Menschen eine ihrer Schwächen, mit der sie zurzeit hadern und die sie gerne bearbeiten möchten.

Das eigene Verhalten als Schwierigkeit erkennen

Nehmen wir ein einfaches Beispiel aus dem täglichen Zusammenleben, das vielen von uns vertraut sein dürfte: Es kommt immer wieder zum Streit mit Ihrem Partner oder Ihrer Lebensgefährtin, weil Sie Wäsche und Geschirr nicht aufräumen: Sie hängen nach dem Duschen Ihr Handtuch nicht auf, sondern lassen es auf dem Bett liegen. Die Schmutzwäsche findet sich regelmäßig unter dem Waschbecken statt im Wäschekorb, und das Geschirr stapelt sich auf der Spülmaschine, statt dass Sie diese aus- und auch wieder einräumen. Durch die Naikan-Übung, insbesondere durch die dritte Frage, wird Ihnen klar, dass Sie ihren Mitmenschen damit regelmäßig Schwierigkeiten bereiten. Abwehrreaktionen wie: »Die soll sich nicht so anstellen, sie lässt ja auch öfter mal was liegen!« werden seltener. In der Folge werden Sie mehr und mehr darauf achten, wie Sie mit Wäsche und Geschirr umgehen. Und Sie werden sehen: Die Streitigkeiten darüber werden weniger, und Sie werden immer weniger über Ihr Wäsche- und Geschirr-Verhalten nachdenken müssen. Das dauert natürlich (siehe unten Seite 65), schließlich eignen wir uns derartige Eigenarten über Jahre hinweg an. Aber Sie werden sehen, es funktioniert!

Fragen formulieren

Wie sollen wir aber eine einmal erkannte Schwäche konkret befragen, wie die Naikan-Fragen auf ein solches Thema anwenden? Ziehen wir wieder ein Beispiel heran: Sie wissen von sich, dass es Ihnen sehr schwerfällt, anderen Ihre ehrliche Meinung zu sagen (zum Beispiel weil Sie Angst vor Ablehnung oder Auseinandersetzungen haben). Sie möchten nun lernen, in Zukunft offener und ehrlicher mit sich und Ihren Mitmenschen umzugehen. Dann sollten Sie über einen längeren Zeitraum tägliches Naikan (siehe dazu den Abschnitt »Erste Naikan-Übungen« ab Seite 27) anwenden und dabei folgende Fragen stellen:

• **1. Wer war heute ehrlich zu mir?** Das kann Ihre Tochter sein, die Ihnen ehrlich sagt, was sie von Ihrem neuen Kleid hält; die Kassiererin im Supermarkt, die ihre Ungeduld zeigt, weil Sie Ihr Geld nicht finden; der Partner, der Sie auf eine Eigenart hinweist, und so weiter. Sie werden sehen, dass die Ehrlichkeit anderer Ihnen nicht immer gefällt, vor allem wenn sie nicht schön verpackt präsentiert wird. Aber auch diese Erkenntnis trägt langfristig gesehen dazu bei, dass Sie selbst ehrlicher werden. Denn Sie machen so bewusst die Erfahrung, dass man mit der Wahrheit selten eine Katastrophe heraufbeschwört.

● **2. Zu wem war ich heute ehrlich?** Überlegen Sie, wem gegenüber Sie heute ehrlich waren, und vergessen Sie nicht, sich selbst miteinzubeziehen. »Heute siehst du sehr gut aus« zum eigenen Spiegelbild zu sagen, gehört auch hierher. Wenn Sie sich diese zweite Frage täglich beantworten, stellen Sie möglicherweise fest, dass Sie öfter ehrlich Ihre Meinung sagen, als Ihnen bewusst ist. Außerdem können Sie durch das tägliche Naikan erkennen, ob Sie im Lauf der Zeit immer mehr Antworten auf die Frage finden, sich Ihr Verhalten also verändert.

● **3. Wen habe ich heute belogen?** Umgekehrt ist natürlich wichtig, sich vor Augen zu führen, wann man nicht ehrlich war oder jemanden sogar belogen hat. Vielleicht haben Sie Ihrem Chef gesagt, es gehe Ihnen gut, obwohl Ihnen schlecht war; oder Sie haben Ihren Mann über den Preis der neuen Bluse im Unklaren gelassen; Ihrer Mutter haben Sie vielleicht nicht gesagt, dass ihr die Hose, die sie trägt, viel zu eng ist; die Unfreundlichkeit der Kellnerin im Stammlokal haben Sie widerspruchslos hingenommen, und zu der Kassiererin im Supermarkt waren Sie freundlich, obwohl Sie sich über deren unpersönliche Art geärgert haben. Das sind alles Beispiele für Unehrlichkeiten und Lügen im Alltag, die uns mehr oder weniger bewusst sind. Wichtig ist auch hier, dass wir unser Verhalten erkennen und mit der Zeit immer klarer wissen, was wir tun. Keineswegs ist das Ziel dabei, alles zu sagen, was einem gerade einfällt oder missfällt. Schließlich ist so manches unwichtig, und wir müssen es nicht künstlich durch übertriebene Ehrlichkeit aufblähen. Warum zum Beispiel die Mutter wegen ihrer Kleidung

NAIKAN-ARBEIT MIT EIGENEN SCHWÄCHEN

Entscheidend bei der Formulierung der Fragen ist, dass sie dem Ursprungsgedanken entsprechen. Wollen Sie sich beispielsweise in Bezug auf Ihre Unfreundlichkeit ändern, lauten die Fragen: Wer war heute freundlich zu mir? (Was haben Sie heute bekommen, oder was hat heute jemand für Sie getan?) Zu wem war ich heute freundlich? (Was haben Sie heute gegeben, oder was haben Sie heute für jemanden getan?) Zu wem war ich heute unfreundlich? (Welche Schwierigkeiten haben Sie heute mit Ihrer Unfreundlichkeit bereitet?) Die Frage, wer war heute unfreundlich zu mir?, ist natürlich tabu (vierte Frage!).

Sie können die erste Frage aber auch anders stellen: Was hat meine Unfreundlichkeit mir heute gebracht? Tatsächlich profitieren wir ja häufig von unschönen Angewohnheiten. – Wenn wir uns etwa in einer Warteschlange vordrängeln, kommen wir eher an die Reihe; sind wir wortkarg, lässt man uns in Ruhe. – Diese Herangehensweise erfordert große Ehrlichkeit, bringt aber auch tiefe Einsichten. Die zweite Frage könnten Sie dementsprechend so formulieren: »Was hat mich meine Unfreundlichkeit heute gekostet?« Denn durch unser Verhalten stellen wir uns ja häufig selbst ein Bein. – Wir verderben uns und anderen die Stimmung auf einer Party, wir setzen Freundschaften aufs Spiel, im schlimmsten Fall kann uns Unfreundlichkeit sogar den Job kosten.

Die dritte Frage lautet in jedem Fall: Wem habe ich heute mit meiner Unfreundlichkeit Schwierigkeiten bereitet?

kränken? Der Punkt ist: Sie können in Zukunft bewusster entscheiden, wann Sie aus welchem Grund ehrlich oder auch unehrlich sind, und werden sich dadurch freier fühlen.

Nehmen Sie sich auf keinen Fall vor: Heute bin ich zu jedem ehrlich! Das gelingt ohnehin nicht und bringt Ihnen nur Enttäuschung ein, weil Sie Ihr Ziel nicht erreichen. Betrachten Sie einfach täglich mit den obigen Fragen Ihr Tun, und versuchen Sie dabei, niemanden zu verurteilen – auch nicht sich selbst! Sie werden den Erfolg Ihrer Bemühung an den Reaktionen Ihrer Mitmenschen erkennen.

Die Schwächen anderer für sich nutzen

Um in der eigenen Persönlichkeitsentwicklung weiterzukommen, ist es hilfreich, diejenigen Eigenschaften, die einen bei anderen Menschen besonders stören, genau in den Blick zu nehmen. Vielleicht haben Sie schon einmal vom sogenannten »Spiegelgesetz« gehört. Es besagt, dass das, was Sie an anderen stört, Eigenschaften sind, die Sie bei sich selbst ablehnen. Es trifft aus meiner Erfahrung immer zu, auch wenn ich oft genug spontan denke: »Nein, so bin ich nicht, war ich noch nie und werde ich nie sein!« Akzeptiere ich jedoch die Richtigkeit des Spiegelgesetzes und bin ganz ehrlich zu mir, habe ich bisher noch immer festgestellt, dass ich »so« durchaus schon war oder sogar noch bin. Versteckt vielleicht und nicht oft, aber immerhin. Wenn Sie sich also zum Beispiel ständig darüber ärgern, dass eine Person in Ihrem Freundes- und Bekanntenkreis meistens schlecht gelaunt ist und regelmäßig beim geselligen Zusammensein die Stimmung verdirbt, dann könnten Sie sich selbst gegenüber anhand der drei Naikan-Fragen mit dem Thema »Launen« auf folgende Weise prüfen:

• 1. Was hat mir meine (schlechte) Laune heute gebracht? Das kann zum Beispiel Ruhe sein. Ist jemand übellaunig, wird man ihn nicht so gerne ansprechen, geschweige denn Unangenehmes mit ihm besprechen. So kann also schlechte Laune auch ihre Vorteile haben. Oder Sie setzen etwas durch, weil sich niemand wegen Ihrer Übellaunigkeit gegen Sie stellen will. Wichtig ist, hier wirklich nur das aufzuführen, was Sie als Vorteil aus Ihrer Laune gezogen haben. »Anpfiff vom Chef« gehört hier nicht hin, denn das wäre die sogenannte vierte Frage, was jemand Ihnen »angetan« hat.

• 2. Was hat mich meine Laune heute gekostet? Schlechte Laune kann Sie beispielsweise viel Geld kosten, wenn Sie eine Polizistin beschimpfen, weil sie Ihnen gerade einen Strafzettel an die Windschutzscheibe Ihres Autos steckt. Auch den Job haben Menschen schon verloren, weil sie ihrem Chef oder Kollegen aufgrund ihrer miesen Laune im falschen Moment unverblümt ihre Meinung sagten.
Sie können die Frage aber auch anders formulieren: **Was habe ich gegen meine schlechte Laune getan?** Dieser Ansatz setzt voraus, dass Sie Ihre schlechte Laune erkannt haben und ernsthaft etwas dagegen unternehmen wollten. Ob diese Versuche erfolgreich waren, ist dabei unerheblich, es zählt wie immer im Naikan der gute Wille. Wenn Sie sich also ein neues Kleidungsstück oder Schuhe gekauft haben, weil das normalerweise Ihre Laune hebt, ist das eine Antwort im Sinne dieser Frage, auch wenn es heute vielleicht nicht gewirkt hat. Wenn Sie auf beide Fragestellungen keine Antworten finden, schreiben Sie in Ihr Tagebuch: »nichts gefunden«.

• 3. Wem habe ich heute durch meine Laune Schwierigkeiten bereitet? Bei dieser Frage ist sehr wichtig, dass Sie nicht nur das aufführen, was offensichtlich ist, wie zum Beispiel: Ich habe meinen Kollegen »Dummkopf« geschimpft. Auch jemandem den Rücken zukehren, so zu tun, als sei er oder sie nicht anwesend, auf Fragen nicht zu antworten oder ein Gespräch zu unterbrechen, weil man genervt ist – das alles sind Verhaltensweisen, die uns bei schlechter Laune gerne unterlaufen. Wenn Sie sich mit dieser Frage prüfen, wird Ihnen im Lauf der Zeit mehr und mehr bewusst, wie Ihre schlechte Laune sich äußert. Und das wiederum trägt dazu bei, dass Sie Ihr Verhalten bei schlechter Laune besser steuern können.

Andere interessante Themen, über die ich mich dank des Spiegelgesetzes mit den Naikan-Fragen geprüft habe, waren: Besserwisserei, Rechthaberei, Aufdringlichkeit, Überheblichkeit, Schüchternheit und einige mehr. Beobachten Sie, wie Sie auf Eigenschaften Ihrer Mitmenschen reagieren, über welche ihrer Eigenheiten Sie sich besonders aufregen – dann werden auch Sie einigen Stoff für die Naikan-Arbeit an den eigenen Schwächen finden.

Wie kann ich jemanden dazu bringen, Naikan zu machen?

Die Antwort lautet ganz einfach: Überhaupt nicht. Ein Seminarteilnehmer sagte mir einmal: »Meine cholerische Kollegin, die sollte mal zu dir kommen und Naikan machen!« Ein solcher Wunsch ist verständlich, wenn man sich häufig über jemanden ärgert. Aber es ist eben nur ein unerfüllbarer Wunsch. Wir können niemanden zwingen, etwas zu tun, weil wir es wollen; wir können niemanden dazu bringen, sich zu ändern, weil wir ein Problem mit ihm oder ihr haben. Wir können nicht einmal erwarten, dass jemand sich ändert, schon gar nicht, wenn derjenige das in unserem Interesse tun soll. Wir können nur an uns selbst arbeiten. Dabei hilft uns Naikan, das ursprünglich gedacht ist als Weg, inneren Frieden, Freude, Vertrauen und Erleuchtung zu finden.

Sicher wäre es schön, wenn viele diesen Weg für sich entdecken könnten. Andere Menschen direkt darauf anzusprechen wird jedoch selten die gewünschte Reaktion hervorrufen. Hand aufs Herz: Sie wären sicher auch nicht begeistert, wenn jemand zu Ihnen sagen würde: »Ich kenne da eine fantastische Methode, die wäre genau das Richtige für dich. Da könntest du dir deine Schlampigkeit endlich abgewöhnen!«

Was eher wirken würde, ist, selbst Naikan gegenüber dieser Eigenschaft im Sinne des Spiegelgesetzes (siehe Seite 62) zu üben, bis Ihnen die Schwächen anderer nichts mehr ausmachen und Sie gelassen damit umgehen können. Spricht Sie dann jemand auf diese Veränderung an – etwa die oben erwähnte cholerische Kollegin –, können Sie immer noch von Ihrer Naikan-Erfahrung berichten (und es dem anderen überlassen, was er damit anfängt).

Wie schnell kann ich mit Naikan etwas ändern?

Es war schon mehrmals die Rede davon, dass Naikan Langzeitwirkung hat und Änderungen sich eher schleichend als von heute auf morgen einstellen. Das liegt daran, dass diese Methode darauf abzielt, eingefahrene Verhaltensweisen, Reaktionsmuster und Interpretationsschemata bewusst zu machen (um dann etwas daran zu ändern oder eben nicht). Da sich Muster und Schemata vor längerer Zeit oder über einen längeren Zeitraum hinweg entwickelt und gefestigt haben, sind auch keine Ad-hoc-Veränderungen zu erwarten. Wie im Kapitel »Erste Naikan-Übungen« bereits geraten, sollten Sie Naikan gegenüber einer Person oder gegenüber einem Thema täglich über mehrere Wochen hinweg praktizieren. Wenn es Ihnen aber mit einer konkreten Zeitvorgabe leichter fällt, Naikan anzufangen und durchzuhalten, dann empfehle ich aufgrund einer britischen Studie (siehe Kasten unten), jeweils mindestens 66 Tage für ein (täglich praktiziertes) Themen- oder Personen-Naikan einzuplanen.

 66 TAGE UND EIN BISSCHEN WEISE

Glaubt man der Studie von Dr. Philippa Lally vom University College in London, braucht man durchschnittlich 66 Tage, um ein Verhalten dauerhaft zu ändern. Dabei kommt es auf die Art des neuen Verhaltens an. So ist es beispielsweise einfacher, sich anzugewöhnen, öfter ein Glas Wasser zu trinken, als täglich 50 Liegestützen zu machen. Dabei fanden die Psychologen heraus, dass es nichts ausmacht, die Übung einmal einen Tag auszulassen, solange das nicht zur Gewohnheit wird.

Ich empfehle Ihnen daher, je nach Schweregrad der gewünschten Veränderung, das tägliche Naikan zu Ihrem Thema 66 Tage oder mehr mit möglichst wenigen Unterbrechungen durchzuhalten.

Es kommt öfter vor, dass Klienten mir schreiben, sie würden schon einige Wochen Naikan praktizieren, aber keine Veränderung bemerken. Wenn es Ihnen ebenso ergeht, verzagen Sie nicht, das kann und darf so sein. Führen Sie sich noch einmal vor Augen, dass Sie im Naikan nichts anderes tun, als sich die Tatsachen Ihres Alltags oder Ihres Lebens ohne Wertung anzusehen. Das verändert uns automatisch, ohne dass wir das Ausmaß oder die Richtung beeinflussen können. Wir sehen, wie wir tagtäglich agieren und reagieren und dass das häufig nicht dem entspricht, wie wir gerne wären. Allein dieses »Anschauen« bewirkt langfristig Veränderung.

Oft kommt es anders, als man denkt

Es entspricht nicht dem Weg des Naikan, sich wie beim Jahreswechsel etwas ganz Bestimmtes vorzunehmen: Ab 1. Januar mache ich dies oder tue ich das nicht mehr. Das funktioniert (meistens) nicht an Silvester, und es funktioniert so auch nicht beim Naikan. Seit ich beispielsweise auf dem Lindenhof bin, wollte ich alljährlich Gemüse anbauen – tat es aber nicht. Dank Naikan kann ich das mittlerweile akzeptieren und werde diese Saison den Garten mit Beerensträuchern bepflanzen, denn Beeren ernten ist etwas, das ich alle Jahre wieder tue. Es hat insgesamt sieben Jahre gedauert, bis ich eingesehen habe, dass es nicht schlimm ist, kein Gemüse anzubauen. Vor Naikan hatte ich regelmäßig ein schlechtes Gewissen, weil ich immer wieder gegen mein Vorhaben handelte. Inzwischen mache ich mir keine Gedanken mehr darüber. Wenn Sie also keine Veränderung bemerken, kann es daran liegen, dass Sie zu sehr auf ein bestimmtes Ziel fixiert sind (in meinem Fall wäre das »Gemüse anbauen«) und nicht sehen, was Ihnen Ihr Innenleben durch Naikan an anderen Möglichkeiten bietet (zum Beispiel »Sträucher – statt Gemüse – pflanzen«).

Holen Sie sich Feedback

Was wir mit Naikan erreichen, können wir also nicht unbedingt vorhersagen beziehungsweise vorab festlegen. Vielleicht haben wir Erfolg, wenn wir etwas Bestimmtes erreichen wollen, vielleicht aber auch nicht. Unser Unterbewusstsein, unser Ego oder wie immer Sie es nennen mögen, ist viel zu subtil und eigenwillig, um es einfach umprogrammieren zu können. Dass sich durch Naikan gar nichts ändert, ist allerdings unwahrscheinlich. Wenn Sie keine Veränderung spüren, fragen Sie doch jemanden, der Sie gut kennt, den Sie aber nicht sehr oft sehen. Menschen, die nicht täglich mit uns zu tun haben, bemerken feine Veränderungen leichter.

///

Vieles hat sich zum Positiven verändert

Naikan hat mir dazu verholfen, Geschehnisse in meinem bisherigen Leben deutlicher zu sehen und zu verarbeiten. Unbewusstes und Verdrängtes kam wieder an die Oberfläche, wurde präsent, und ich konnte es einordnen, zuordnen. Meine Sicht auf vieles hat sich zum Positiven verändert, musste ich mich doch wiederholt fragen, was jemand für mich getan hat und was ich für jemanden getan habe. Auch negativen Dingen konnte ich so eine positive Seite abgewinnen.

Kornelia F.

///

Versöhnung mit der Vergangenheit

Im traditionellen Naikan geht es darum, sich mit seinem bisherigen Leben auseinanderzusetzen. Dabei spielt die Beziehung zu unseren Eltern eine wesentliche Rolle, aber auch die Prüfung gegenüber den eigenen Verfehlungen. Mit Naikan können wir erkennen, dass so manches anders gewesen sein könnte, als wir es bisher gesehen oder interpretiert haben.

Muster auflösen mit Naikan

Manche Erfahrungen und Erlebnisse, meist negative, sowie die Schlussfolgerungen, die wir daraus ziehen, setzen sich hartnäckig in unserem Inneren fest – und machen uns häufig das Leben schwer. Durch Naikan können wir uns davon befreien.

Verhaltensmuster und Glaubenssätze

Bei Menschen, die Sie lange kennen, fällt Ihnen vermutlich auf, dass sie immer wieder in ähnliche Situationen geraten, mit immer denselben Schwierigkeiten zu kämpfen haben oder auf die immer gleichen Dinge gereizt, verärgert oder verzweifelt reagieren. Das kann die Freundin aus Kindertagen sein, deren mittlerweile zwölfte Beziehung in die Brüche geht, der langjährige Freund, der immer wieder in finanzielle Schwierigkeiten gerät, oder eine gute Bekannte, die vorhersehbar in die Luft geht, wenn die eigene Mutter sie »Kind« nennt. Bei uns selbst fallen uns solche Regelmäßigkeiten nicht so leicht auf. Doch wir alle agieren und reagieren häufig nach bestimmten Mustern, die uns das Leben zuweilen ganz schön schwer machen können. Und bei genauerem Hinsehen können wir feststellen, dass sich auch bei uns bestimmte Dinge im Leben stets wiederholen. Wechseln Sie vielleicht auffallend häufig den Arbeitsplatz, sind Sie oft krank, oder fangen Sie an zu schreien, wenn Ihr Vater wieder an Ihnen herumnörgelt? Auch dass uns ganz bestimmte Dinge immer sehr schwerfallen, lässt sich bei genauer Selbstbetrachtung meist erkennen. Viele von uns können ihrem Chef kaum gelassen und ruhig ihre Meinung darlegen, wenn er sie gerade kritisiert hat. Anderen fällt es schwer, ihren Kindern gegenüber ein Verbot durchzusetzen, ohne dabei ein schlechtes Gewissen zu haben.

Dahinter stecken häufig – meist unbewusste – Glaubenssätze, die wir in der Kindheit gelernt und verinnerlicht haben. Spätestens wenn wir sehr unter bestimmten Lebenssituationen, Konflikten oder Beziehungsproblemen leiden, sollten wir anfangen, unsere Verhaltensmuster, unsere Glaubenssätze, ja vielleicht einen Teil unserer Weltsicht zu hinterfragen und gegebenenfalls zu ändern. Allerdings lohnt es sich auch vorher schon, sich damit auseinanderzusetzen, sich mit dem eigenen Leben zu beschäftigen und sich anzuschauen, wie wir geworden sind, was wir sind.

Umdenken ist möglich

Was immer Sie in Ihrem Leben für Schwierigkeiten haben, was immer nicht so läuft, wie Sie es sich wünschen – es hat mit Ihnen und Ihrer Einstellung zu tun, und nur Sie selbst können etwas daran ändern!

Sie können lernen, die Tatsachen des Lebens weitgehend unabhängig von Ihren Erwartungen und Emotionen zu sehen und dadurch so manch kritische Situation anders zu beurteilen und zu empfinden. Sie können lernen, Geschehenes und Gegebenheiten hinzunehmen sowie Vergangenes abzuschließen. Das heißt, Sie können sich neu entdecken, erkennen, wer Sie sind und wie Sie sind, und lernen, sich zu akzeptieren und zu lieben – ohne permanent die Erwartungen anderer erfüllen zu wollen. Das macht Sie freier, glücklicher und zufriedener.

WIE VERHALTENSMUSTER UND GLAUBENSSÄTZE ENTSTEHEN

Bekanntes Beispiel für Verhaltensmuster ist die glühende Herdplatte: Haben wir sie als Kind einmal angefasst, schützt uns das Schmerzerlebnis normalerweise unser Leben lang: Wir werden kaum je wieder bewusst eine heiße Herdplatte berühren.
Etwas Ähnliches kann passieren, wenn uns zum Beispiel der Vater daran hindert, ein Messer zu benutzen. Tut er es mit Worten wie: »Das kannst du noch nicht!«, könnten sich diese in uns als Glaubenssatz manifestieren. Der Situationsbezug geht schnell verloren, gespeichert bleibt der einfache Satz: »Ich kann das nicht!« Die Folge kann sein, dass wir uns im Lauf des Lebens nicht an Dinge heranwagen, die uns irgendwie riskant erscheinen. Unser Glaubenssatz hält uns davon ab, es zu versuchen.
Viele Menschen haben derartige Glaubenssätze, wobei der Ursprung häufig nicht nachzuvollziehen ist. Wenn man sie aber erkennt, kann man daran arbeiten, sie aufzulösen.

Was Sie brauchen, was Sie bekommen

Voraussetzung dafür ist, dass Sie bereit sind, an sich zu arbeiten, sich beziehungsweise Ihre Sichtweisen und Einstellungen zu bestimmten Personen, Dingen, Themen auf den Prüfstand zu stellen, um sie gegebenenfalls ändern zu können! Das ist natürlich nicht leicht und auch nicht in ein paar Stunden zu schaffen. Es braucht Ausdauer und Mut. Ausdauer, sich regelmäßig hinzusetzen, auch wenn Sie noch keine Auswirkung spüren, und Mut, auch dann hinzusehen, wenn es wehtut. Und es braucht natürlich ein Werkzeug, das Ihnen auf dem Weg der Selbstbeobachtung und der Selbsterkenntnis hilft. Dieses Werkzeug bietet Ihnen Naikan. Mit Naikan können Sie lernen, eigene Muster und Verstrickungen zu erkennen, und mit dem Erkennen kommt die Auf-Lösung von alleine. Sie brauchen nichts weiter zu tun, als sich immer wieder offen und ehrlich zu befragen und zu prüfen und die Erkenntnisse wirken zu lassen. Naikan ist ein sehr wirksames Selbst-Coaching.

Erwartungen und Enttäuschungen

Wir erleben uns und unser Umfeld aus Sicht unserer erfüllten oder nicht erfüllten Erwartungen. Werden die Erwartungen erfüllt, möglichst noch ohne dass wir sie überhaupt aussprechen müssen, ist alles gut, und wir sind mehr oder weniger glücklich und zufrieden. Werden unsere Erwartungen dagegen nicht erfüllt, ist Enttäuschung angesagt. Das gilt auch für Erwartungen, die wir an uns selbst stellen. Ständig vergleichen wir uns mit anderen und werden dabei zwangsläufig frustriert. Denn es gibt immer jemanden, der schlanker, besser, schöner, reicher, klüger ist als wir. (Wie es übrigens auch immer jemanden geben wird, der ärmer, hässlicher, dümmer, schlechter und dicker ist.) Doch Erwartun-

gen können nicht immer erfüllt werden, wie auch wir nicht alle
Erwartungen erfüllen können, die an uns gestellt werden. Im Laufe
des Lebens kostet uns eine ausgeprägte Erwartungshaltung immens
viel Energie, was sich schließlich in körperlichen oder seelischen
Symptomen ausdrücken kann.

Realistischer werden

Durch die strukturierte Betrachtung unseres Lebens mit den drei
Naikan-Fragen

- Was hat jemand (oder ein bestimmtes Thema) für mich getan?
- Was habe ich für jemanden (oder ein Thema) getan?
- Welche Schwierigkeiten habe ich ihm/ihr (oder einem Thema)
bereitet?

können wir lernen, uns und unser Umfeld realistischer zu sehen.
Eine Reise in die Vergangenheit mit Naikan ist mal lustig, mal
schmerzhaft, mal aufregend – wie Ihr Leben eben war. Sie ist
jedoch niemals langweilig. Sie lernen beispielsweise zu sehen, dass
Sie ein Eis bekommen haben. Das ist eine schlichte Tatsache. Dass
das Eis des Bruders vielleicht »doppelt so groß« war, mag ebenfalls
eine Tatsache sein – und Sie sind noch Jahre später empört über
diese Ungerechtigkeit. Würden Sie aber den Bruder darauf ansprechen (oder sich einfach nur an seine Stelle setzen), würden Sie
möglicherweise herausfinden, dass aus seiner Sicht und vielleicht
auch aus Sicht der Eltern die größere Portion durchaus berechtigt
war, schließlich ist er der Ältere, der auch mehr essen kann. Sicher
ist das ein banales Beispiel, und doch tauchen in Gesprächen bei
einer Naikan-Woche immer wieder genau solche Banalitäten als
tief empfundene Ungerechtigkeit auf, die dazu »berechtigt«, im

weiteren Leben zum Beispiel rücksichtslos auf den eigenen Vorteil bedacht zu sein oder sich stets als benachteiligtes Opfer hinzustellen. Man hat seine Lektion – das heißt seine Glaubenssätze (siehe Seite 70) – ja gelernt!

Nicht nur die schlimmen Dinge sehen

Erwarte ich, dass mein Verehrer mir als Zeichen seiner Liebe rote Rosen schenkt, werde ich mich über gelbe Tulpen nicht so sehr freuen, sogar wenn diese meine eigentlichen Lieblingsblumen sind. Ich hake dieses »Malheur« in meinem Gedächtnis ab, und später fällt mir nicht mal mehr ein, dass ich überhaupt Blumen geschenkt bekommen habe. »Er hat nie etwas für mich getan ...!« ist das Gefühl, das dann in angespannten Zeiten oder der Trennungsphase vorrangig ist.

Oder Sie verlieben sich in eine Frau und erwarten, dass sie zum ersten Date pünktlich kommt. Sie kommt fünf Minuten zu spät – lange fünf Minuten, in denen Sie bangen, ob sie überhaupt kommt ... Werden Sie dann ein Paar, sind ein paar Jahre zusammen und es kommt zum Streit, werden Sie ihr möglicherweise vorwerfen: »Du warst ja noch nie pünktlich!« Vergessen sind in diesem Moment die vielen Male, an denen sie – entgegen ihrer Natur – doch pünktlich zu Verabredungen erschienen ist.

Ihnen fallen sicher noch unzählige Möglichkeiten ein, in denen Ihre Erwartungen nicht erfüllt, Sie enttäuscht wurden. Schlichte Tatsache ist: Sie können das, was passiert ist, nicht mehr ändern. Auch können Sie den anderen nicht ändern. Ändern können Sie nur sich selbst und Ihre eigene Sichtweise auf vorgefallene Begebenheiten. Und Sie können einsehen, dass auch Sie unzählige Erwartungen in Ihrem Leben nicht erfüllen konnten, dass auch Sie anderen immer wieder Schwierigkeiten bereitet haben.

WAS HILFT UNS UNSER RECHT?

Eine Naikan-Seminarteilnehmerin fragte mich einmal, ob sie nicht das Recht hätte, empört über ihre Eltern zu sein, so wie diese sich ihr gegenüber verhalten hätten. Unbedachterweise antwortete ich ihr damals mit einem klaren »Nein«. Es entspann sich daraufhin eine für Naikan ganz untypische Diskussion, die nicht nötig gewesen wäre. Denn natürlich haben wir ein Recht auf negative Gefühle. Heute würde ich der Teilnehmerin antworten: Ja, wir haben ein Recht darauf, jemandem böse zu sein, empört, ja entrüstet zu sein. Wer wollte uns dieses Recht streitig machen? Die Frage ist aber: Was hilft uns unser Recht?

• Schlafen wir besser, leben wir gesünder, sind wir glücklicher, nur weil wir »recht« haben mit unseren negativen Gefühlen? – Vermutlich geht es uns eher besser, wenn wir mit einer positiven Einstellung durchs Leben gehen.

• Und wie sieht es mit der anderen Seite aus? Gestehen wir auch dem anderen sein Recht auf Empörung, Entrüstung zu? – Wenn wir auch anderen ein Recht auf ihre Sicht der Dinge einräumen, relativiert sich unsere eigene Sichtweise. Auch das macht uns gesünder, glücklicher und zufriedener.

• Und wie steht es mit den Pflichten? Haben wir nicht auch die Pflicht, geistig, seelisch und körperlich gesund zu leben, im Einklang mit uns und unserer Umwelt? – Pflicht hin oder her. Mit Sicherheit lebt es sich besser und leichter, wenn wir unsere Empörung, unsere Enttäuschung und unsere Opferrolle aufgeben.

Erfahrungen neu bewerten

Erst wenn wir mithilfe der ersten Naikan-Frage erkennen lernen, dass wir viel erhalten haben (mehr, als wir jemals bereit waren, zu sehen), hat unser Unterbewusstsein die Möglichkeit, negative Gefühle und Erlebnisse in die richtige Relation zur Gesamtheit aller Erlebnisse zu bringen: Kann ich noch mit dem Schicksal hadern, weil meine Eltern mich nicht so geliebt haben, wie ich mir das gewünscht hätte, wenn ich erkenne, wie sehr mich dafür die Großeltern, bei denen ich aufgewachsen bin, geliebt und verwöhnt haben? Wie kann ich meinem Kind, das ich bei einer Schwindelei ertappe, ernsthaft böse sein, wenn ich mich in der dritten Naikan-Frage daran erinnere, wie oft ich meine eigenen Eltern belogen habe? Wie kann ich meinem Mann eine Szene machen, weil er im Lokal eine andere Frau anlächelt, wenn ich mir ehrlich eingestehe, dass

Naikan hat mit Sicherheit dazu beigetragen

Es haben schon einige Veränderungen stattgefunden. Ob es nur am Naikan liegt, kann ich nicht beurteilen, aber mit Sicherheit hat es dazu beigetragen. Die wichtigste Veränderung ist, dass ich den Freund, um den ich so getrauert habe, nun völlig »abgelegt« habe. Und meine Einstellung zu meinem Vater (für mich eine sehr belastende Sache) ist nun irgendwie völlig anders: entspannter, weniger feindselig, ja liebevoller.

Lisa-Marie S.

ich gerne mit Männern flirte? Und wie kann ich meinem Nachbarn vorwerfen, dass er sonntags die Hecke schneidet, wenn ich weiß, dass ich Rasen mähe, wann immer mir der Sinn danach steht? Wenn Sie regelmäßig Naikan üben, werden Sie sich weniger entrüsten über Mitmenschen und Situationen, die Sie nicht ändern können, und so einiges unterlassen, was andere stört – ohne darüber nachdenken zu müssen. Ohne es bewusst zu planen, findet oft schon während der Naikan-Übung eine Versöhnung statt. Mit Menschen, mit bestimmten Umständen und Gegebenheiten, mit sich selbst.

Die Perspektive wechseln

Wie Sie bei der Naikan-Arbeit an der Elternbeziehung sehen werden, wenden wir klassischerweise die drei Naikan-Fragen auf jeweils einen Elternteil und einen bestimmten Zeitabschnitt an. Die so erweiterten Fragen lauten dann also:

1. Was hat meine Mutter/mein Vater im Zeitraum x für mich getan?
2. Was habe ich für meine Mutter/meinen Vater im Zeitraum x getan?
3. Welche Schwierigkeiten habe ich meiner Mutter/meinem Vater im Zeitraum x bereitet?

Eine Frage würde noch fehlen, wollten wir das ganze Spektrum zwischenmenschlicher Beziehungen darstellen, nämlich die Frage: Was hat mir meine Mutter/mein Vater im Zeitraum x für Schwierigkeiten bereitet? Allerdings: Mit dieser Frage leben wir tagtäglich. Wir sehen sehr schnell und spüren deutlich, was Menschen uns »antun« oder nicht für uns tun – welche Schwierigkeiten sie uns also bereiten. Das gilt auch für unsere Vergangenheit. Selten erinnern wir uns daran (und freuen wir uns darüber), dass unsere Mutter täglich für uns gekocht hat. Was wir jedoch nicht vergessen, ist die Ohrfeige, die wir »aus irgendeinem Grund« erhalten haben. »Meine Mutter hat mich als Kind oft geschlagen, ich war ein ungeliebtes Kind!« Dieser Glaubenssatz (siehe Seite 72) könnte aufgrund des Vorfalls in Ihrem Bewusstsein hängen geblieben sein.

DER SINN DER DREI NAIKAN-FRAGEN IN BEZUG AUF DIE ELTERN

Führen Sie sich, bevor Sie die Naikan-Übung gegenüber den Eltern beginnen, vor Augen, was Ihre Antworten Ihnen sagen, was sie bewirken können:

- Die Antworten auf die erste Frage lassen Sie erkennen, was Mutter oder Vater für Sie getan hat, damit relativieren sich negative Schlüsselerlebnisse.

- Die Antworten zur zweiten Frage zeigen Ihnen, dass Sie nicht nur Probleme hatten (für die Sie die Eltern vielleicht verantwortlich machten), sondern dass Sie auch imstande waren, einiges zu geben (sogar dann, wenn Sie die Eltern oder einen Elternteil ablehnten).

- Bei den Antworten auf die dritte Frage sehen Sie, dass Sie nicht nur Opfer, sondern auch Täter waren und sind und anderen Menschen, also auch Ihren Eltern, Probleme machen und machten – egal ob mit Absicht oder unabsichtlich.

Selbstverständlich ist körperliche Gewalt auf keinen Fall entschuldbar! Und doch hilft es Ihnen in Ihrer persönlichen Entwicklung nicht weiter, derartige Vorkommnisse losgelöst von der Gesamtsituation zu betrachten. In der Regel erleben wir zum Glück neben den weniger schönen oder gar schrecklichen Dingen, die uns passieren oder angetan werden, auch Positives – wir müssen es nur sehen wollen.

Sich in anderen wiedererkennen

»Achte darauf, was du an einer Person nicht magst, du wirst es in dir wiederfinden!« Als ich diesen Satz das erste Mal hörte, dachte ich, das kann nicht sein, was für ein Unsinn. Wenn ich mir den Menschen ansehe, den ich am wenigsten mag, kann ich an dem nichts, aber auch gar nichts von mir selbst finden! Es dauerte lange, bis ich bereit war, mir diese Menschen und die dazugehörigen Themen ehrlich anzusehen, und die Wahrheit der Aussage war anfangs auch nur schwer zu akzeptieren. Ich fand heraus, dass ich tatsächlich all diese Eigenschaften, die mir bei anderen Menschen besonders unangenehm auffielen, ebenfalls habe. Ich hatte sie nur – teilweise sehr erfolgreich – verdrängt und kämpfte gegen sie an. Ein Kampf, der viel Energie kostete und nicht immer erfolgreich war. So manches Mal musste ich mir in meinem Leben sagen lassen: »Du bist wie ...« – und gerade so wollte ich nicht sein!

Wenn Sie Ihr Leben regelmäßig anhand der drei Naikan-Fragen betrachten, werden Sie schnell herausfinden, welche Ihrer Anteile jemand anspricht, den Sie nicht leiden können. Die Folge ist: Diese Anteile verflüchtigen sich mit der Zeit. Das heißt nun nicht, dass Ihnen jeder Mensch sympathisch wird, aber Sie können mit jedem kommunizieren oder zusammenarbeiten, ohne dass Sie ständig ein hohes Maß an Energie dafür aufwenden müssen, freundlich zu sein, weil sie den anderen innerlich ablehnen. Schließlich haben wir alle viele gute und schlechte Eigenschaften, die individuell stärker oder weniger stark ausgeprägt sind. Diejenigen, die wir bei uns selbst nicht akzeptieren können, sind auch diejenigen, die uns am anderen sofort auffallen. Wenn man das nicht einsieht und eine Und-trotzdem-hatte-ich-recht- oder eine Wie-konnte-man-mir-das-nur antun-Haltung einnimmt, wird man immer wieder und immer mehr enttäuscht werden. Sie hätten damit den Schlüssel zu Ihrem eigenen Unglück auf Dauer gepachtet.

Mithilfe von Naikan können Sie solche festgefahrenen Haltungen auflösen. Naikan ist also so etwas wie ein Schlüssel zu Glück und Zufriedenheit.

Was uns krank macht

Haben Sie schon einmal beobachtet, wie unterschiedlich Menschen reagieren, wenn sie angerempelt werden? Selbst wenn sich der Rempler entschuldigt, werden manche sofort wütend und drücken das unmissverständlich aus: »Was fällt Ihnen ein!«, »Spinnst du oder was?«, oder sie werden sogar selbst handgreiflich und schubsen zurück. Andere reagieren ungehalten, gehen aber murrend weiter. Wieder andere scheinen die Rempelei gar nicht zu bemerken, und es gibt Menschen, die sich spontan entschuldigen, wenn sie angerempelt werden.

Neulich hörte ich ein Gespräch: »... und dann hat mich doch letzte Woche dieser Kerl einfach angerempelt! Ich wäre fast auf die Straße gefallen und von einem Auto überfahren worden! Na, dem hab' ich's aber gegeben!« »Was hast du denn gemacht?« »Ich habe ihm ordentlich die Leviten gelesen, sodass es jeder hören konnte! Der wurde immer kleiner und ganz rot im Gesicht, dieser unverschämte Mistkerl!«. Anscheinend war der Herr der Meinung, er wäre mit voller Absicht angestoßen worden.

Mir fiel dazu spontan die Geschichte von den beiden buddhistischen Mönchen ein, die ich vor langer Zeit in einem Buch gelesen habe:

Zwei Mönche und eine Frau

Zwei Mönche waren nach langer Wanderung unterwegs zu ihrem heimatlichen Tempel. Es regnete, und sie kamen an einen Fluss, den sie überqueren wollten. Durch den Regen war der Fluss sehr breit und schlammig geworden, und sie gingen flussabwärts, um eine geeignete Stelle zu finden, an der sie das Wasser gefahrlos würden überqueren können. An der schmalsten Stelle stand eine junge Frau, gekleidet in einen wunderschönen Kimono. Sie blickte ratlos auf die braunen Fluten und überlegte offensichtlich, wie sie über den Fluss kommen könnte, ohne ihre Kleidung nass und schmutzig zu machen.

Mit einer kleinen Verbeugung hob einer der beiden Mönche die Frau kurzerhand hoch und trug sie über den Fluss. Am anderen Ufer stellte er sie sanft ab, verbeugte sich noch einmal kurz und ging mit seinem Begleiter schweigend weiter.

Einige Stunden später, sie waren kurz vor ihrem Ziel, sprach der zweite Mönch aus, was ihn offensichtlich die ganze Zeit beschäftigt hatte: »Werter Bruder, wir sind bald am Ziel unserer weiten Reise angelangt und mich beschäftigt ein Gedanke: Unsere Gebote untersagen es, eine Frau zu berühren. Wie willst du dem Meister beibringen, dass du gegen das Gebot verstoßen hast?«

Nach kurzer Überlegung antwortete der befragte Mönch: »Lieber Bruder, ich habe die Frau vor Stunden an dem Flussufer abgestellt, du aber trägst sie immer noch mit dir herum.«

Vom Kopf in das Herz

Wie der Mönch in der buddhistischen Weisheitsgeschichte trug der Herr, dessen Gespräch ich mithörte, sein Rempelerlebnis noch lange mit sich herum und konnte sich Tage danach noch darüber aufregen. Jeder von uns hat solche Erlebnisse, die er nicht loslassen kann. Da ist es kein Wunder, dass so viele Menschen krank werden. Genauso wie sich Umweltgifte in uns ansammeln und uns schaden, belasten und schwächen negative Gefühle und Erinnerungen unsere Seele und unseren Organismus.

Könnte der Herr die Rempelei als das sehen, was sie sicher war, nämlich eine unbeabsichtigte Unaufmerksamkeit, müsste er keinen Gedanken und vor allem keine Gefühle mehr darauf verschwenden und hätte ein Päckchen weniger zu tragen. Selbst wenn eine Rempelei in böswilliger Absicht geschieht, ist es unsere eigene Entscheidung, wie wir darauf reagieren wollen. Wir haben jederzeit die Möglichkeit, zu sagen: »Das war nicht richtig, aber ich habe auch schon mal gerempelt, und es wird mir sicher auch wieder passieren, also Schwamm drüber!«

Diese Einsicht wird bei den wenigsten spontan kommen, das ist natürlich, und wir dürfen uns dieses auflodernde Gefühl von Wut, Zorn oder Hass auch zugestehen und verzeihen. Schließlich wollen wir ja keine Heiligen werden. Aber ich kann an mir arbeiten, dass sich die Gefühle nicht festsetzen und ich derartige Erlebnisse nicht ewig mit mir herumtragen muss, sodass sich Versöhnung und Verzeihung immer öfter spontan einstellen. Da das Verzeihen jedoch aus dem Herzen kommen muss und nicht nur aus dem Verstand, brauchen wir eine Methode, die das, was dem Kopf schon bewusst ist, ins Herz transportiert – Naikan. Und damit dies ungehindert geschehen kann, lassen wir im Naikan die vierte Frage (die Frage nach dem, was uns angetan wurde) weg.

Naikan gegenüber den Eltern

Das traditionelle, klassische Naikan beginnt mit der Prüfung gegenüber der Mutter, es folgt dann die Auseinandersetzung mit dem Vater. Was wir dabei lernen? Dass wir nicht nur das Produkt unserer Eltern sind.

Die eigenen Anteile in den Vordergrund rücken

Die meisten unserer Schwierigkeiten, mit denen wir im Leben zu kämpfen haben, wurzeln in unserer Kindheit und Jugend. In dieser Zeit haben wir entscheidende Erfahrungen gemacht – gute wie schlechte – und in unserer ganz subjektiven Sichtweise gespeichert. Diese Sichtweise, wie auch die Haltungen und Verhaltensmuster, die daraus entstehen, und die Werte, die wir daraus ableiten, hinterfragen wir in der Regel nicht. Wenn wir es aber doch tun, entdecken wir allerdings hochinteressante und spannende Dinge über uns selbst.

Die Eltern sind nicht für alles verantwortlich

Mir scheint manchmal, wir sind ein Volk von »Schuldzuweisern« und »Ausflüchtlern«. Achten Sie einmal darauf, wie schnell Menschen welche Erklärungen und Ausreden finden, wenn etwas nicht so läuft, wie sie sich das vorstellen, oder wenn sie schlicht einen Fehler gemacht haben. Gäbe es eine Statistik, die belegen würde, wie viele Menschen ihre Eltern für das Scheitern in bestimmten Lebensbereichen verantwortlich machen, die Zahl wäre sicher immens hoch. Entsprechende Vorwürfe, die bisher unbewusst gelebt wurden, kommen häufig während einer Naikan-Woche zutage. Hier ein paar Aussagen dazu:

• Hätte sich meine Mutter meinem Vater gegenüber anders verhalten, hätte ich mich vielleicht in meinen Beziehungen auch anders verhalten können.

• Hätte mein Vater mal mit mir gesprochen und diskutiert, könnte ich heute im Beruf ganz anders argumentieren.

• Wenn mich mein Vater öfter in den Arm genommen und mit mir gekuschelt hätte, müsste ich das nicht bei meinen Partnern nachholen.

• Wäre meine Mutter nicht so früh gestorben, könnte ich meine Freundin vielleicht besser verstehen.

• Wäre ich nicht so oft von meinem Vater geschlagen worden, wäre ich heute weniger aggressiv.

• Immer hat er meinen Bruder bevorzugt. Der bekam die besseren Klamotten, die schöneren Spielsachen, das größere Eis! Ist es da ein

Wunder, wenn ich heute genau darauf achte, nicht zu wenig von allem zu bekommen?

● Hätte meine Mutter nicht grundsätzlich Streitereien untersagt, könnte ich heute mit Konflikten besser umgehen.

● Meine Mutter hat mich immer spüren lassen, dass ich mich an Schönheit nicht mit ihr messen kann. Kein Wunder, dass ich so eine graue Maus geworden bin.

● Ich habe meinen Vater nur betrunken und aggressiv erlebt. Ist es da ein Wunder, wenn ich auch gerne mal einen über den Durst trinke? Und dass ich dann schon mal zuschlage, dafür kann ich nichts.

● Meine Mutter hat häufig Notlügen gebraucht, natürlich habe ich mir das abgeschaut!

● Meine Eltern sind dauernd unterwegs gewesen, deshalb fühle ich mich immer einsam.

Viele von uns tragen einen oder mehrere solcher Glaubenssätze (siehe Seite 70) in sich, die uns hindern, ein selbstbestimmtes, erfülltes Leben zu führen. »Ich könnte ganz anders sein, viel mehr haben, wenn meine Eltern anders gewesen, anders mit mir umgegangen wären.« Was für eine bequeme Ausrede! Sie macht uns zu einem Opfer der Umstände und verleugnet die Tatsache, dass wir jederzeit die Chance hatten – und haben –, unser Leben selbst in die Hand zu nehmen und uns zu ändern!

Wir haben eine Wahl

Wir sind nicht, wie wir sind, nur weil unsere Eltern dieses oder jenes getan oder nicht getan haben! Seien wir ehrlich – ab einem gewissen Alter hatten wir die Wahl, etwas hinzunehmen, abzulehnen oder uns etwas anzueignen. Wir haben es nur nicht getan!

• Ihre Mutter konnte Ihnen nicht das richtige Frauenbild vorleben? Sie hätten sich ein anderes Vorbild suchen können.

• Ihr Vater war ein wortkarger Eigenbrötler mit schlechten Manieren? Diskutieren konnten Sie auch mit Gleichaltrigen lernen, gute Manieren von anderen Erwachsenen abschauen oder einen entsprechenden Kurs besuchen.

• Sie hatten nie Freunde, weil es Ihre Mutter Ihnen verboten hat? Aber haben Sie auch sonst wirklich immer alles befolgt, was Ihre Mutter ge- oder verbot?

Die Eltern haben nicht Schuld, wenn jemand ständig neue Partner hat oder immer wieder den Arbeitsplatz wechseln muss, wenn er seine Sammelleidenschaft nicht kontrollieren kann, Drogen oder Alkohol konsumiert, Straftaten begeht oder sein Leben aus irgendwelchen Gründen nicht so läuft, wie er es sich wünscht.

Und so, wie Sie selbst das Recht in Anspruch nehmen können, sein zu dürfen, wie Sie sind, haben Ihre Eltern dasselbe Recht. Sie können davon ausgehen, dass sie ihr Bestes gegeben haben, auch wenn das in Ihren Augen – und vielleicht in den Augen Ihrer Verwandten, Bekannten oder Freunde – völlig unzureichend war. Sie können sie nicht ändern, und Sie können die Vergangenheit nicht mehr ändern – aber Sie können Ihre Einstellung zur Vergangenheit ändern. Damit ändern Sie auch Ihre Zukunft.

Es gibt mehr Ähnlichkeit, als man glaubt

Wenn wir unsere Eltern für die Schwierigkeiten und Probleme verantwortlich machen, die wir selbst im Leben haben, dann lehnen wir unsere Eltern innerlich ab. Zumindest trifft das auf diejenigen ihrer Eigenschaften zu, die wir zu unserer Rechtfertigung gerne heranziehen. Aber: Oft ist es so, dass wir selbst genau jene Eigenschaften besitzen, die uns an den Eltern negativ auffallen. Das ist uns häufig nicht bewusst, weil wir diese Eigenschaften schon sehr früh verdrängt oder transformiert haben. Mochten Sie es zum Beispiel nicht, wenn Ihr Vater sehr laut war oder gar schrie, kann es sein, dass Sie sich das von klein auf selbst nicht erlaubt haben. Dafür haben Sie sich vielleicht angeeignet, in einer entsprechenden Situation schnippisch oder gar zynisch zu reagieren. Was ein Außenstehender in beiden Fällen spürt, ist die dahinterliegende Aggression, und er wird Ihnen deshalb vielleicht sagen: »Du bist wie dein Vater.« Häufig ähneln wir genau dem Elternteil, dessen Eigenheiten wir am meisten ablehnen. Wenn wir das erkennen und akzeptieren, wird sich unser Urteil über die Eltern mit Sicherheit relativieren.

Gerechtigkeit ist subjektiv

Ganz automatisch erwarten wir Menschen, dass uns Gerechtigkeit widerfährt. Wehe, die Eltern bevorzugen die jüngere Schwester oder den älteren Bruder! Dabei reicht es schon, wenn Ihnen als Kind einmal auffällt, dass Ihr großer Bruder beispielsweise mehr Taschengeld bekommt als Sie. Sie empfinden das als derart ungerecht, dass Sie künftig eifersüchtig darüber wachen werden, was Ihr Bruder von Ihren Eltern erhält. Zwangsläufig werden Ihnen immer häufiger entsprechende Situationen und Dinge auffallen. Dabei entgeht Ihnen völlig, dass und wie oft auch Sie etwas bekommen, ohne dass der Bruder dafür einen Ausgleich erhält. So etwas zu bemerken liegt außerhalb Ihrer »Programmierung«.

Es gibt keine Gerechtigkeit auf Erden, denn sie ist eine subjektive Empfindung. Der große Bruder empfindet es als durchaus gerecht, dass er ein Stück Kuchen mehr bekommt als die fünf Jahre jüngere Schwester, die davon ja sowieso nur Bauchweh bekommen würde. Er wiederum findet es vielleicht ungerecht, dass die kleine Schwes-

ter noch getragen wird, wo sie doch schon selbst laufen kann, zu-
mal er im gleichen Alter »immer« selbst laufen musste (das weiß er
hundertprozentig!). Wer könnte jemals von sich behaupten, selbst
immer gerecht gewesen zu sein? Bestenfalls können wir sagen, wir
haben uns darum bemüht. In dem Moment, wenn andere beteiligt
sind, hängt es immer von unserem subjektiven Empfinden ab, ob
wir uns gerecht behandelt fühlen oder nicht.

Fehlprogrammierungen aufheben

Sicher ist es Ihnen im Moment nicht bewusst, welche Situation in
Ihrer Kindheit dazu geführt haben könnte, dass Sie sich zurück-
gestoßen, ungerecht behandelt, ungeliebt fühlen. Vielleicht waren
Sie noch zu klein, um sich erinnern zu können. So kann es zum
Beispiel schon reichen, wenn Sie im Kleinkindalter mit Scharlach
ins Krankenhaus mussten, und Ihre Mutter durfte Sie aus Quaran-
täne-Gründen nicht besuchen, wie das früher häufig der Fall war.
Das Gefühl »Meine Mutter hat mich im Stich gelassen« könnte sich
dabei in Ihnen fest »einprogrammiert« haben. Solche Erlebnisse
können so tief verschüttet und verankert sein, dass man sie nicht
so ohne Weiteres als Auslöser für bestimmte Verhaltensweisen erkennen kann, die uns heute das Leben schwer oder uns sogar krank
machen.

Dennoch ist es wichtig, solche Schlüsselerlebnisse, wenn möglich,
in die richtige Relation zu rücken. Dabei ist es gar nicht unbedingt
notwendig, dass Sie sich konkret an die auslösende Situation erinnern können. Manches wollen wir unbewusst gar nicht »sehen«, und das darf durchaus auch so sein. Es reicht, wenn Sie sich
ansehen und anerkennen, was Ihre Eltern für Sie getan haben, um
die Aufhebung solcher »Fehlprogrammierungen« und damit der

Glaubenssätze (siehe Seite 70) zu starten. Und genau das ermöglicht die Naikan-Übung gegenüber Mutter und Vater!

 ACHTUNG: KINDHEITSTRAUMA

Man kann mit Naikan-Arbeit in Eigenregie viel erreichen, aber: Sollten Sie in Ihrer Kindheit schwerste Traumata erlebt haben, wie Missbrauch, physische oder psychische Gewalt, rate ich Ihnen dringend davon ab, Naikan im Selbstversuch zu lernen! Nehmen Sie Kontakt zu einem Naikan-Leiter auf und besprechen Sie die Vorgehensweise mit ihr oder ihm. Auf Seite 188 finden Sie die Adressen der derzeitigen deutschsprachigen Naikan-Leiter.

Auch wenn man für das Eltern-Naikan innerlich (noch) nicht bereit ist, kann man von der Naikan-Arbeit profitieren: Vor einiger Zeit traf ich eine Frau, die ganz offensichtlich sehr unter der Ablehnung durch ihre Eltern litt. Schon äußerlich war sie bestrebt, möglichst nicht sichtbar zu sein. Sie wirkte sehr hager, knochig und angespannt. Bei einem Gespräch stellte sich heraus, dass sie davon überzeugt war, ihre Eltern würden sie so sehr hassen, dass sie sie am liebsten getötet hätten. Voller Entrüstung und mit gepresster Stimme erzählte sie von den ablehnenden, hasserfüllten Blicken, denen sie sich aussetzte, wenn sie ihre Eltern besuchte (was sie trotz allem anscheinend regelmäßig tat). Im Laufe des Gesprächs wurde klar, dass sie noch nicht bereit war, sich ihre Eltern anhand der drei Fragen anzusehen. Doch selbst in diesem Fall könnte die Frau ihrer geschundenen Seele Gutes tun. Was nämlich ebenfalls zutage kam, war die Tatsache, dass sie offensichtlich überwiegend von ihrer Großmutter auf-

SCHRIFTLICHES NAIKAN – DAS WICHTIGSTE IN KÜRZE

Beim traditionellen Naikan würden Sie eine Woche lang in ein Naikan-Seminarhaus in Klausur gehen und jeden Tag über viele Stunden Naikan praktizieren. Ein Naikan-Leiter würde Sie von Zeit zu Zeit aufsuchen und Sie abfragen, was Sie anhand der drei Fragen herausgefunden haben. Wenn Sie mithilfe dieses Buches Naikan zu Hause in Eigenregie betreiben wollen, machen Sie schriftliches Naikan. Dazu brauchen Sie

- einen Platz, an dem Sie ungestört die Übung verrichten können,
- täglich 30 bis 60 Minuten Zeit,
- ein Heft oder Tagebuch, in das Sie Ihre Antworten zu den Fragen schreiben.

Zur Vorbereitung für Ihr Naikan-Abenteuer ist es hilfreich, wenn Sie sich chronologisch geordnete Familienfotos anschauen. Es erleichtert das Erinnern an bestimmte Zeiträume.

Ob Sie die Übungszeiten variieren oder jeden Tag die gleiche Zeit aufwenden, bleibt Ihnen überlassen. Stellen Sie sich aber anfangs immer einen Wecker, damit Sie den gewählten Zeitraum nicht überziehen. Das ist wichtig für das Durchhaltevermögen. Wenn Sie nämlich öfter mehr Zeit aufwenden, setzt sich diese Information in Ihrem Unterbewusstsein fest, und es wird Ihnen immer schwerer fallen, die Übung zu beginnen – weil sie ja so immens zeitaufwendig ist.

Den größten Teil der Zeit, also 20 bis 50 Minuten, verbringen Sie mit Erinnerungen, indem Sie Ihre Aufmerksamkeit um die Geschehnisse kreisen lassen und diese den drei Fragen zuordnen. In den letzten circa 10 Minuten schreiben Sie die Ergebnisse in Ihr Tagebuch.

gezogen wurde, zu der sie ein sehr liebevolles Verhältnis hatte. Statt sich nun ständig in den negativsten Gedanken an die Eltern aufzureiben, bräuchte sie sich nur ein wenig gedanklich zu drehen und an die Menschen zu denken, die sie geliebt haben. Allen voran die Großmutter, die sicher sehr viel für sie getan hat. Das mag leichter gesagt sein als getan, doch selbst in extremen Familienverhältnissen ist es möglich, sich aus der »Hassfalle« zu befreien – man muss nur wirklich wollen.

Das Leben beginnt mit der Mutter ...

... Naikan aus diesem Grunde auch, könnte man ergänzen. Haben Sie einen passenden Raum gefunden und sichergestellt, dass Sie während der nächsten 30 bis 60 Minuten nicht gestört werden, stellen Sie Ihren Wecker (siehe Seite 91) und begeben sich im Geiste in die Vorschulzeit. Denken Sie an die ersten sechs Lebensjahre mit

 MÜTTER, ERSATZMÜTTER UND STIEFMÜTTER

Wir beginnen im Naikan mit unserer ersten Bezugsperson, das ist üblicherweise die leibliche Mutter. Ist dies nicht der Fall, beginnen Sie mit dem Menschen, dem Sie Ihr Aufwachsen verdanken. Danach sollten Sie aber der leiblichen Mutter, sogar wenn Sie sie nie persönlich kennengelernt oder immer nur kurz getroffen haben, eine Übung widmen. Denn zu ihr haben wir, zumindest während der Schwangerschaft, ein inniges Verhältnis aufgebaut, und sie hat uns zur Welt gebracht. Lesen Sie dazu den Abschnitt »Ich konnte ihr gar keine Schwierigkeiten machen« (Seite 116).

Ihrer Mutter (oder auch der Person, die Sie an ihrer Stelle versorgt hat): Wo haben Sie damals gelebt, wie hat die Küche ausgesehen, wie das Wohn- und Schlafzimmer, hatten Sie ein eigenes Kinderzimmer, welche Personen lebten mit im Haushalt, gab es Haustiere, war schon eine Schwester, ein Bruder da, kam in dem Zeitraum ein Geschwisterkind dazu, wer hat gekocht, gewaschen und so weiter? Können Sie sich an ein Weihnachten, einen Geburtstag, einen Ausflug, einen Besuch, einen Tag im Kindergarten ... erinnern?

Die erste Übung mit der Mutter

Die erste Frage: Ist die Erinnerung dann einigermaßen lebendig, prüfen Sie sich gegenüber Ihrer Mutter mit der ersten Naikan-Frage: Was hat meine Mutter in diesem Zeitraum für mich getan? Oder: Was habe ich von meiner Mutter in diesem Zeitraum bekommen? Die Frage lautet nicht: Was habe ich Besonderes bekommen? Auch wenn Ihnen zu Beginn Ihrer Reise in die Vergangenheit eher die besonderen Dinge einfallen werden, wie das Fahrrad zum Geburtstag oder das neue Kleid zum Schulbeginn – darum (allein) geht es nicht, suchen Sie also nicht zwanghaft danach. Es sind vielmehr die kleinen Dinge des Alltags, die zählen. Zum Beispiel hat Ihre Mutter wahrscheinlich täglich für Sie und die Familie gekocht. Sind Sie je auf die Idee gekommen, dies als etwas zu sehen, das Ihre Mutter für Sie getan hat? »Hat sie ja auch nicht – schließlich hat sie auch für sich und die anderen gekocht!« mögen Sie jetzt vielleicht denken – und schon haben Sie angefangen, zu interpretieren und zu urteilen. Sie übersehen die einfache Tatsache, dass Sie davon profitiert haben. Hätte Ihre Mutter nicht für das Essen gesorgt (wozu auch gehörte, Lebensmittel einzukaufen, sie zu waschen und zu schnippeln, um sie dann zu einer Mahlzeit zuzubereiten), wäre es für Sie ungleich schwieriger gewesen, satt zu werden. Lernen Sie, solch einfache

Tatsachen zu sehen und zu akzeptieren: vorlesen, in den Schlaf singen, Schrammen verpflastern, Tränen trocknen, trösten, zum Arzt mitgehen, in den Kindergarten bringen, beim Basteln helfen, zerrissene Hosen flicken, Marmelade einkochen, Schuhbänder binden und vieles mehr sind die Dinge, die unsere Mutter für uns getan hat. Ob sie es gerne getan hat oder ob es Ihnen gefallen hat, spielt dabei keine Rolle. Nur die Tatsachen zählen, vermeiden Sie, zu werten und zu interpretieren. Sollte die Zeit, die Sie sich für Ihre erste Naikan-Sitzung gegenüber der Mutter vorgenommen haben, bereits abgelaufen sein, dann machen Sie erst morgen weiter. Bei regelmäßiger Übung wird sich Ihr »Zeitmanagement« beim Naikan einpendeln. Ansonsten bearbeiten Sie nun die zweite Frage.

Die zweite Frage: Stellen Sie sich nun die zweite Naikan-Frage: Was habe ich in diesem Zeitraum für meine Mutter getan? Oder: Was habe ich meiner Mutter in diesem Zeitraum gegeben? Auch bei dieser Frage ist nicht maßgeblich, ob der Mutter gefallen hat, was Sie getan haben, oder ob sie sich darüber gefreut hat. Wenn Sie auf dem Heimweg von der Schule für sie Blumen gepflückt haben, in denen sich eine Spinne versteckt hatte, und die Mutter dann vor dem Tier erschrak, ändert das nichts an der Tatsache, dass Sie für Ihre Mutter Blumen gepflückt haben. Oder wenn Ihnen beim Hinaustragen des Abfalls der Eimer aus der Hand fiel und dadurch der Flur schmutzig wurde, haben Sie trotzdem, vielleicht sogar freiwillig, den Abfall hinausgebracht. Und wenn Ihnen beim Abwasch ein Teller aus der Hand fiel und zerbrach, worüber Ihre Mutter sicher nicht glücklich war, haben Sie doch beim Abwasch geholfen. Möglicherweise finden Sie im Vorschulalter zu dieser Frage keine Antwort. Das ist nur natürlich und liegt entweder am fehlenden Erinnerungsvermögen, an der fehlenden Übung oder an der

Tatsache, dass Sie in dem Zeitraum nichts für Ihre Mutter getan haben. Da es im Naikan um die reinen Tatsachen des Lebens ohne Wertung und Interpretation geht, brauchen Sie nicht weiter über die Gründe nachzudenken. Nehmen Sie es als gegeben hin, und gehen Sie zur nächsten Frage über. Schreiben Sie später zu Frage zwei in Ihr Tagebuch: nichts gefunden.

Die dritte Frage: Die dritte und letzte Frage lautet: Welche Schwierigkeiten habe ich meiner Mutter im Vorschulalter bereitet? Es kommt hier nicht darauf an, ob sich Ihre Mutter geärgert, Sie geschimpft oder Ihre »Untat« überhaupt bemerkt hat. Unwichtig ist auch, ob Sie die Schwierigkeit bewusst, also mit Absicht, oder aus Unachtsamkeit bereitet haben. Haben Sie also heimlich Geld aus der Haushaltskasse genommen, ist das eine Schwierigkeit im Sinne der dritten Frage, selbst wenn die Mutter es nie bemerkte oder sich nur wunderte, dass sie so viel ausgegeben hatte. Das Loch in der Hose, aus Unachtsamkeit beim Klettern entstanden, der Besuch beim Arzt, weil Sie entgegen dem Rat Ihrer Mutter die Mütze nicht angezogen haben und krank wurden, die Weigerung, den Abfall hinauszubringen, der zerbrochene Teller (auch wenn Sie freiwillig beim Abwasch geholfen haben) und so weiter – all das gehört zu den Schwierigkeiten, die Sie in diesem Alter verursacht haben könnten.

Der Tagebucheintrag: Es sollte jetzt ein großer Teil der von Ihnen selbst vorgegebenen Zeit vergangen sein, also circa 20 bis 50 Minuten. Mit dem kontemplativen Teil der Aufgabe sind Sie für heute fertig. In den verbleibenden 10 Minuten der Zeit schreiben Sie nun die gesammelten Erkenntnisse in Ihr Tagebuch. Schreiben Sie alles auf, was Ihnen in den vergangenen Minuten eingefallen ist beziehungsweise woran Sie sich jetzt noch erinnern. Wenn Sie nicht mehr jede Antwort nachvollziehen können, ist das kein Problem. Das, was Sie vergessen, ist für den Prozess nicht so wichtig. Wenn Sie sich heute an kaum etwas erinnern konnten, die Erinnerungen nicht in dem Maße auftauchten, wie Sie sich das gewünscht hätten, oder wenn Sie sich nicht durchgehend auf die Vorschulzeit konzentrieren konnten, ist das für den Anfang völlig normal. Naikan braucht einfach eine gewisse Übung, die kommt, wenn Sie täglich praktizieren. Für heute sind Sie fertig. Im Kasten (siehe unten) finden Sie ein Beispiel, wie das schriftliche Naikan über die Vorschulzeit mit der Mutter aussehen könnte.

 ### NAIKAN GEGENÜBER DER MUTTER, 0 BIS 6 JAHRE

Zu Frage 1: Sie machte panierte Schnitzel mit Kartoffelsalat. Sie hat mich getragen, als ich beim Wandern nicht mehr laufen konnte. Sie ging mit mir Schuhe kaufen. Sie verband mir den Arm, als ich mich verbrüht hatte. Sie hat mir Kleider genäht. Sie erklärte mir, warum sie Tassen beim Abspülen nicht am Henkel festhält. Sie kaufte mir auf dem Volksfest Zuckerwatte, und ich durfte Karussell fahren ...

Zu Frage 2: Ich habe Blumen für sie gepflückt. Ich holte ein Glas Marmelade aus dem Keller. Ich malte ihr ein Bild. Ich ging zum Bäcker gegenüber und holte für sie Brot ... Hier könnte auch stehen: nichts gefunden.

Zu Frage 3: Ich schrammte mir ständig die Knie auf. Ich zerriss beim Klettern mein Sonntagskleid. Ich bekleckerte mich mit Tomatensoße. Wenn ich etwas nicht bekam, warf ich mich auf den Boden und schrie ...

Die zweite Übung mit der Mutter

Es ist der nächste Tag, idealerweise die gleiche Zeit und derselbe Raum. Stellen Sie wieder den Wecker, und prüfen Sie sich wieder gegenüber Ihrer Mutter, diesmal im Hinblick auf die Grundschulzeit, als Sie 6 bis 9 oder 7 bis 10 Jahre alt waren, also einen Zeitabschnitt von circa vier Jahren. Welche Besonderheiten gab es in diesem Zeitraum? Können Sie sich an den ersten Schultag erinnern, daran, wie Ihre Schultüte aussah, oder an deren Inhalt? Gab es ein besonderes Essen an diesem Tag, waren Gäste eingeladen, vielleicht die Großeltern? Wurde in diesem Zeitraum ein Geschwisterkind geboren? Sind Sie umgezogen? War Ihre Mutter wieder berufstätig und passte Ihre Großmutter oder eine andere Person auf Sie und Ihre Geschwister auf? Waren Sie nach der Schule im Hort, oder hatten Sie einen eigenen Schlüssel? Durften Sie Freunde zum Geburtstag einladen? Hatten Sie einen Schulfreund, den Sie mit nach Hause bringen durften, oder waren Sie gelegentlich zum Hausaufgabenmachen bei der Freundin? Wo haben Sie Hausaufgaben gemacht, und half Ihre Mutter dabei? Waren Sie in einem Sportverein, im Musikunterricht, und wie kamen Sie dorthin? Waren Sie in den Ferien weg, ist Ihre Familie mit Ihnen verreist? Wie war Ihr Gesundheitszustand, waren Sie gesund oder eher kränklich? Waren Sie ein wildes Kind, hatten Sie Unfälle, oder wurden Sie in dieser Zeit operiert? Solche Fragen sind geeignet, Erinnerungen in Ihnen wachzurufen.

Die erste Frage: Kommen die Erinnerungen, stellen Sie wieder die Frage: Was hat meine Mutter in dem Zeitraum für mich getan? Wieder geht es um die Dinge des Alltags und nicht darum, ob etwas Ihnen gefallen oder geschmeckt hat oder ob Sie sich darüber gefreut haben. Auch wenn Ihre Mutter beim Helfen mit den

Hausaufgaben streng war, hat sie sich doch die Zeit genommen, mit Ihnen zu lernen. Obwohl sie berufstätig und dadurch kaum zu Hause war, kochte sie abends noch für Sie und die Familie. Brachte sie Sie zum Sportverein, besuchte schulische Veranstaltungen, sprach mit Lehrern, zahlte Ihren Musikunterricht und so fort? Versuchen Sie wieder, möglichst konkrete Antworten zu finden.

Die zweite Frage: Gehen Sie nun zur zweiten Frage über: Was habe ich in diesem Zeitraum für meine Mutter getan? (Sollte die Zeit abgelaufen sein, machen Sie morgen weiter!) Auch hier gilt: Es muss ihr nicht gefallen und sie muss sich nicht darüber gefreut haben. Haben Sie zum Beispiel für Weihnachten ein Musikstück eingeübt und es dann doch nicht fehlerfrei wiedergeben können, gilt das auch dann, wenn sich die Mutter deswegen ärgerte. Ihre Mithilfe im Haushalt, obwohl ständiger Streitpunkt, weil Sie keine Lust dazu hatten und es ihr sowieso nie recht machen konnten, gilt trotzdem als etwas, das Sie für Ihre Mutter getan haben.

Die dritte Frage: Sind Sie auch mit der zweiten Frage fertig, prüfen Sie sich mit der Frage, welche Schwierigkeiten Sie Ihrer Mutter in diesem Zeitraum bereitet haben. Zur Erinnerung: Es ist unwichtig, ob sich Ihre Mutter aufregte, etwas überhaupt bemerkte oder ob Sie mit Absicht oder unabsichtlich gehandelt haben. Es geht um die Tatsachen, auch wenn die Erinnerung unangenehm oder peinlich sein sollte. Es geht beispielsweise um die Weigerung, im Haushalt mitzuhelfen, um die herausgestreckte Zunge oder erhobene Faust angesichts eines Fernsehverbots, die patzige Antwort auf eine Frage, die Lüge, dass Vater etwas schon erlaubt habe, und die vielen anderen Unannehmlichkeiten und Umstände, die wir in diesem Alter bereitet haben.

Der Tagebucheintrag: Wie schon am ersten Tag lassen Sie Ihre Gedanken, Ihre Konzentration und Aufmerksamkeit 20 bis 50 Minuten um die Ereignisse in diesem Zeitabschnitt kreisen, dann schreiben Sie die Ergebnisse, die Sie den Fragen zugeordnet haben, in Ihr Tagebuch. Es macht nichts, wenn Ihnen etwas wieder entfallen ist. Schreiben Sie auf, was Sie noch auf Anhieb wissen. Grübeln Sie nicht lange, und falls Ihnen zu einer Frage nichts einfällt, schreiben Sie auch das auf.

Für heute sind Sie wieder fertig, und Sie brauchen nicht weiter über die Ergebnisse der Naikan-Übung nachzudenken. Wichtig ist, dass Sie durchhalten, auch wenn die Erinnerungen noch nicht so fließen. Sie werden sehen, es wird von Mal zu Mal besser. Bis morgen also – gleiche Zeit, gleicher Ort.

 NAIKAN GEGENÜBER DER MUTTER, 6 BIS 10 JAHRE

Zu Frage 1: Sie kaufte mir für den ersten Schultag ein neues Kleid, wir gingen essen, und ich durfte mir ein großes Eis bestellen. Sie brachte mich in den Ferien zu meiner Großmutter. Sie gab mir Taschengeld. Sie pflegte mich, als ich krank war ...

Zu Frage 2: Ich half beim Abwasch und beim Baden meines Bruders, ich holte Wurst beim Metzger, ich passte auf meinen Bruder auf, damit sie in Ruhe einkaufen gehen konnte ...

Zu Frage 3: Ich brach mir den Arm, und sie musste mir wochenlang beim Anziehen helfen. Ich schlug meinen Bruder, und sie musste eingreifen. Ich nannte sie hinter ihrem Rücken »blöde Kuh«. Ich klaute einem Mitschüler zwei Mark, und meine Mutter musste zur Rektorin ...

Die weiteren Übungen mit der Mutter

Am dritten Tag geht es um die nächsten vier Jahre mit Ihrer Mutter, also das Lebensalter von 10 bis 14 Jahren. Gehen Sie genauso vor wie an den beiden vorangegangenen Tagen: Sie sind wieder möglichst zur gleichen Zeit am selben Ort und denken 20 bis 50 Minuten an diesen Lebensabschnitt und prüfen sich dabei mit den drei Naikan-Fragen gegenüber Ihrer Mutter. In der verbleibenden Zeit von 10 Minuten schreiben Sie die Antworten auf. Wenn die Zeit (noch) nicht ausreicht, dann verteilen Sie die Übung auf zwei oder drei Tage; überziehen sollten Sie nicht (siehe Seite 91). Wahrscheinlich haben Sie in dieser Periode angefangen zu pubertieren, kamen in eine andere Schule, hatten den ersten Freund. Vielleicht wollten Sie schon regelmäßig ausgehen, und es kam dadurch öfter zu Auseinandersetzungen mit Ihrer Mutter. Oder Sie hatten keine Lust mehr auf die Schule, mussten eine Klasse wiederholen oder sogar abbrechen. Vielleicht waren Sie aber auch sehr fleißig und ehrgeizig und haben Ihre Vorliebe für Mathematik, Englisch oder Musik entdeckt. Wahrscheinlich haben sich auch Busenfreundschaften entwickelt und/oder Sie waren in eine Clique integriert. Wenn Sie alles aufgeschrieben haben, ist wieder Schluss für heute. Morgen werden Sie die Zeit mit der Mutter bis 18 Jahre betrachten, übermorgen bis 22, am nächsten Tag bis 26 und so weiter. Sollte der Kontakt zwischendurch abgebrochen sein, betrachten Sie diese Zeit bitte trotzdem (siehe den Abschnitt »Ich konnte ihr gar keine Schwierigkeiten machen« ab Seite 116). Sie können in diesem Fall die Perioden von 4 bis auf maximal 8 Jahre verlängern. Wenn in einem Zeitraum sehr viel passiert ist, dürfen Sie die Intervalle auch verkürzen. Prüfen Sie sich bis zum jetzigen Zeitpunkt oder bis zu dem Zeitpunkt, an dem Ihre Mutter starb. Der letzte Zeitraum kann dabei natürlich etwas mehr oder weniger als 4 Jahre umfassen.

NAIKAN GEGENÜBER DER MUTTER, 10 BIS 14 JAHRE

Zu Frage 1: Sie sprach mit meinem Lehrer wegen eines Verweises. Sie wischte die Toilette, nachdem ich mich übergeben hatte. Sie wies meinen Bruder zurecht, als dieser mich mit peinlichen Fragen überhäufte. Sie kochte mir Tee, als ich Grippe hatte ...

Zu Frage 2: Ich trug den Abfall hinaus. Ich putzte die Schuhe. Ich schenkte ihr ein Buch ...

Zu Frage 3: Die Polizei kam ins Haus, weil ich mit einem Freund heimlich Cannabis angebaut hatte. Ich blieb über Nacht bei einer Freundin, ohne Bescheid zu geben. Ich nahm mir Geld aus ihrem Portemonnaie ...

Bei meinem ersten Naikan war ich 43 Jahre alt. Ich brauchte für das schriftliche Naikan gegenüber meiner Mutter, die noch lebte, insgesamt 10 Tage, wobei die letzte Periode ausnahmsweise 5 Jahre betrug. Dabei hatten wir stets Kontakt, es gab also genug zu prüfen, was nicht immer der Fall ist. Doch auch in Zeiträumen mit wenig Kontakt kann man Erinnerungen entdecken, die längst vergessen schienen. Gönnen Sie sich also auch diese Perioden.

Das gilt übrigens auch, wenn Ihre Mutter Sie und die Familie verlassen oder den Kontakt abgebrochen hat. Üben Sie bitte trotzdem weiter bis zum heutigen Tag oder bis zu ihrem Tod. Vielleicht haben Sie ja mit ihr telefoniert, eine Karte oder einen Brief von ihr bekommen oder auf andere Weise von ihr gehört oder mit ihr kommuniziert. So hatte beispielsweise ein Teilnehmer geglaubt, keinerlei Erinnerung an seine Mutter zu haben, weil sie die Familie verlassen hatte, als er 8 Jahre jung war. Er war wegen Beziehungsproblemen ins Naikan gekommen. Nachdem er die Aufgabe annehmen konnte, sich gegenüber seiner Mutter im Alter von 9 bis 15 Jahren und die darauffolgenden Perioden zu prüfen, stellte er fest, dass sich seine Mutter auch in diesem Zeitraum durchaus noch um ihn und seine Schwester gekümmert hatte. Sie hatte ihm zu Geburtstagen und Weihnachten kleine Geschenke und Briefe mit der Post geschickt und sich bei den Großeltern regelmäßig über ihn informiert. Diese Erkenntnisse halfen ihm zu einem großen Teil über die Verbitterung hinweg, die aus dem Gefühl des Verlassenwerdens entstanden war.

Wellen der Freude und Dankbarkeit

Es ist nicht schwer, die Antworten zu finden. Meine Mutter hat mir den Popo sauber gemacht, mich gewickelt, in den Kindergarten gebracht. Sie hat mir Pfannkuchen mit Marmelade zubereitet. So geht es durch die Jahre bis zu ihrem Tod, wo sie mich etwas über würdevolles Sterben lehrte. Und immer wieder neue Bilder und Erinnerungen. Wellen der Freude und Dankbarkeit überfluten mich. Es ist schön, so viel bekommen zu haben. Ich habe auch gegeben, aber bei Weitem nicht so viel. Und mich überkommt tiefe Beschämung, wenn ich prüfe, welche Schwierigkeiten ich ihr bereitet habe, wie ich – nur um meinen Willen zu bekommen – sie gequält habe und gebrüllt, als würde ich gleich sterben. Ach, verzeih mir Mama.

Sandra T.

Sie prüfen sich also gegenüber Ihrer Mutter bis zum jetzigen Tag oder bis sie starb. Immer auf die gleiche Weise, möglichst zur gleichen Tageszeit im gleichen Raum mit den drei Fragen und der von Ihnen selbst vorgegebenen Zeit, die nicht kürzer als insgesamt 30 Minuten und nicht länger als 60 Minuten sein sollte. Auch wenn der letzte Naikan-Tag mit Ihrer Mutter vielleicht aufwühlend und traurig ist, weil sie in dem entsprechenden Zeitraum starb, sollten Sie in der gewohnten Art vorgehen und die Antworten in Ihr Tagebuch schreiben.

Fragen an den Vater

Mit Ihrem letzten Eintrag ins Tagebuch ist die Naikan-Zeit mit Ihrer Mutter vorerst zu Ende, jedoch noch nicht Ihr Naikan-Abenteuer. Morgen werden Sie sich zur gleichen Zeit im selben Raum wieder einfinden, um sich gegenüber Ihrem Vater zu prüfen. Wieder beginnen Sie mit Ihrer Vorschulzeit, also mit Ihren ersten 6 oder 7 Lebensjahren. Die Fragen lauten entsprechend:

1. Was hat mein Vater in der Vorschulzeit für mich getan?
2. Was habe ich in dieser Zeit für meinen Vater getan?
3. Welche Schwierigkeiten habe ich meinem Vater in diesem Zeitraum bereitet?

Nach der inzwischen gewohnten Zeit von 20 bis 50 Minuten der Kontemplation schreiben Sie Ihre Antworten wieder in das Tagebuch, darauf verwenden Sie den Rest der Gesamtzeit, also circa 10 Minuten. Sie werden sehen, dass es Ihnen nun schon etwas leichter fällt, sich an Gegebenheiten zu erinnern, da diese Periode durch das Naikan mit Ihrer Mutter bereits lebendiger geworden ist. Allerdings hatte ich auch schon Seminarteilnehmer, die sich selbst nach vielen Malen des Übens an kaum etwas aus der Vorschulzeit erinnern konnten. Nehmen Sie es, wie es ist, und versuchen Sie auf jeden Fall, Ihre Konzentration und Aufmerksamkeit 20 bis 50 Minuten lang auf Ihren Vater zu richten und Antworten auf die drei Naikan-Fragen zu finden – auch wenn am Ende »nichts gefunden« in Ihrem Tagebuch steht.

 NAIKAN GEGENÜBER DEM VATER, 30–34 JAHRE

Zu Frage 1: Er hat mir beim Ausbau meiner Werkstatt geholfen und mich bei einem wichtigen Kundenbesuch begleitet. Am Abend hat er häufig auf meinen Sohn aufgepasst. Er hat regelmäßig meinen Rasen gemäht und die Hecke geschnitten. Er hat mir ein Buch geschenkt. Er hat sonntags gekocht. Er hat mir die Hand auf die Schulter gelegt, als ich einmal schrecklich wütend auf einen Lehrer meiner Tochter war …

Zu Frage 2: Ich habe ihm öfter mein Auto geliehen. Ich habe ihm eine Torte gebacken. Ich habe ihm Umschläge gemacht, als er sich den Fuß verknackst hat. Ich habe ihm manchmal eine Flasche Rotwein geschenkt. Ich habe ihn nach seinem Schlaganfall zu mir genommen und später ein Pflegeheim gesucht. Ich habe ihn einmal die Woche besucht und ihn rasiert …

Ich bin mit ihm zum Wandern, weil er nicht gern alleine geht.

Zu Frage 3: Ich habe mit ihm geschimpft, wenn er den Kindern zu viel erlaubt hat. Ich habe seine geliebte Säge kaputt gemacht, und ich habe sie ihm nicht ersetzt. Ich habe ihn alleine zum Arzt fahren lassen, obwohl das schwierig für ihn war. Ich ließ manchmal einen Besuch im Pflegeheim ausfallen …

Morgen fahren Sie dann mit der Naikan-Übung gegenüber dem Vater fort, in Bezug auf den nächsten Zeitabschnitt (Alter 6–10 Jahre). In Abschnitten von je 4 Jahren, in kontaktarmen Zeiten auch in etwas längeren Zeiträumen (maximal 8 Jahre), geht die Naikan-Übung weiter, bis zum heutigen Tag oder zum Tod Ihres Vaters. Sollte in einem Zeitraum besonders viel passiert sein, können Sie die Abschnitte auch beliebig verkürzen.

Schwierigkeiten mit Vätern

Da Väter häufiger abwesend sind als Mütter, fällt es uns im Allgemeinen schwerer, das zu entdecken, was sie für uns getan haben – vor allem wenn es um unsere Kinderzeit geht. So passiert es dann auch häufiger, dass wir vor allem negative Dinge in Erinnerung behalten und in die Falle der vierten Frage – Welche Schwierigkeiten hat er mir bereitet? – tappen. Ein Seminarteilnehmer sagte einmal: »Mein Vater war ein brüllender Prolet, ich habe wohl das Recht, darüber entrüstet zu sein!«

Selbstverständlich haben wir das Recht, uns über die Unarten unserer Eltern und über Probleme, die sie uns gemacht haben, aufzuregen. Dennoch möchte ich an dieser Stelle noch einmal betonen, dass Sie die Beschäftigung mit den negativen Seiten Ihrer Eltern nicht weiterbringt, wenn Sie sich mit der Vergangenheit versöhnen wollen. Warum Energie darauf verschwenden, was nicht mehr zu ändern ist?

Unsere Vorstellung davon, wie Eltern sein sollten, weichen oft erheblich von der Realität ab. Eine Mutter soll gerne und gut kochen, immer liebevoll und fürsorglich sein, möglichst nie laut werden, soll stets ein offenes Ohr für unsere Sorgen und Wehwehchen haben. Ein Vater sollte geduldig, gütig, manchmal auch streng, aber immer gerecht, humorvoll, allseits beliebt sein und in der knapp bemessenen Zeit, die er zu Hause ist, mit uns kuscheln, kluge Diskussionen führen, Ausflüge machen und so weiter. Es mag vereinzelt diese Idealeltern geben, meist sieht die Wirklichkeit jedoch anders aus.

Wenn Sie mithilfe der drei Naikan-Fragen lernen, Ihren Vater so zu akzeptieren, wie er nun einmal war, können Sie auch sich selbst und Ihre – auch nicht immer nur positiven – Eigenarten besser annehmen. Und Sie werden durch die Übung wahrscheinlich sogar feststellen, dass Ihr Vater nicht nur der brüllende Prolet war, als den Sie ihn in Erinnerung haben, sondern zuweilen vielleicht sogar ein ganz passabler Kerl.

Wie es nach dem Vater weitergeht

Je nach Ihrem Alter und der Lebenszeit Ihrer Eltern (und natürlich auch je nachdem, wie regelmäßig Sie geübt haben) sind Wochen oder sogar Monate vergangen, wenn Sie mit der Naikan-Prüfung gegenüber Mutter und Vater fertig sind. Damit haben Sie die Grundlage geschaffen für weitere Naikan-Arbeit. Sie haben Ihre Vergangenheit ein Stück weit aufgearbeitet und sehen vermutlich manche Dinge ein bisschen anders als früher. Darüber hinaus haben Sie die Struktur kennengelernt, die Naikan vorgibt, damit man sich nicht in der Vergangenheit verzettelt und verläuft.

Personen und Themen

Sie können sich nun einer weiteren Person aus dem Familienkreis gegenüber prüfen. Das kann eine Großmutter, ein Großvater, ein Bruder, eine Schwester, Onkel, Tante oder sonst jemand sein, mit dem Sie engen Kontakt hatten. Sie verfahren wie mit den Eltern, beginnen mit Ihrem Vorschulalter und fahren fort bis heute oder bis zum Zeitpunkt des Todes der betreffenden Person. Wollen Sie sich gegenüber Geschwistern prüfen, die jünger sind als Sie, beginnen Sie mit den ersten 4 Jahren nach der Geburt von Bruder oder Schwester. Bei Personen, die Sie erst als Erwachsene kennengelernt haben, schauen Sie sich Vier-Jahres-Abschnitte ab dem ersten Treffen an. Mit demselben Muster können Sie sich auch mit Personen auseinandersetzen, die nicht zur Familie gehören (Freunde, Arbeitskollegen, Vorgesetzte) und auch Themen bearbeiten, etwa Ihr Körper (siehe Seite 39), eine Ihrer Eigenschaften (siehe auch Seite 58). Wenn Sie unsicher sind, ob Sie ein Thema mit Naikan befragen können oder sollen, können Sie sich gerne an mich wenden (Adresse Seite 188).

Nicht von der Struktur abweichen

Bleiben Sie bei Ihrer gewohnten Zeit von täglich 30 bis 60 Minuten, dem Raum, in dem Sie sich wohlfühlen, und der Struktur, das heißt, bearbeiten Sie täglich einen Zeitabschnitt von 4, in Ausnahmefällen von bis zu 8 Jahren. Verwenden Sie gut zwei Drittel der Zeit auf das eigentliche Naikan, die »Innenschau«, und die letzten 10 Minuten für Ihren Tagebucheintrag.

Bevor Sie starten beziehungsweise weitermachen, sollten Sie noch den folgenden Abschnitt lesen, in dem ich Sie auf Stolpersteine und Fallstricke hinweise, deren Kenntnis dazu beitragen kann, den Umgang mit den Fragen zu verbessern und damit die Wirkung von Naikan zu intensivieren. Es werden hier sicher auch einige Fragen geklärt, die während Ihrer »Elternarbeit« beim Naikan vielleicht aufgetaucht sind.

Stolpersteine und Fallstricke umgehen

Ob wir den wahren Sinn der drei Naikan-Fragen richtig erfasst haben, zeigt sich in unseren Antworten. Hier können sich kleinere oder größere Fehler einschleichen, die aber auch leicht zu vermeiden sind.

Die eigenen Wurzeln akzeptieren

Eine ganz wesentliche Voraussetzung dafür, dass sich durch die Arbeit gegenüber den Eltern eingefahrene Verhaltensmuster und festsitzende Vorwürfe auflösen – dass wir also den Weg des Erkennens, Verzeihens und Versöhnens gehen können –, ist, die eigenen Eltern als einen Teil von sich anzuerkennen. Deshalb konzentrieren wir uns im Naikan ja auch auf die eher positiven Eigenschaften von Vater und Mutter, nicht auf ihre Schattenseiten und die Schwierigkeiten und Probleme, die sie uns – tatsächlich oder vermeintlich – damit geschaffen haben. Stellen Sie sich einmal vor, wie sich jemand fühlt, wie jemand im Leben unterwegs ist, der glaubt, von den eigenen Eltern nichts bekommen zu haben, nicht geliebt worden zu sein. Wie kann das Selbstwertgefühl dieses Menschen gewachsen sein? Wie wird er sich zum Beispiel Autoritätspersonen gegenüber verhalten oder den eigenen Kindern? – Da wird es sicher so manche Schwierigkeiten geben. Die können wir aber nicht beheben, wenn wir das schlechte Bild, das wir von unseren Eltern haben, unser Leben lang aufrechterhalten.

Bezeichnenderweise finden wir in vielen religiösen Schriften einen Hinweis darauf, wie man sich gegenüber Eltern verhalten soll, etwa im vierten Gebot des Alten Testaments: »Du sollst Vater und Mutter ehren!« Ähnliches gibt es in allen großen Religionen. Darin spiegelt sich, was meiner Beobachtung nach für uns Menschen wesentlich ist, nämlich die Eltern zumindest respektieren zu können. Sie sind nun mal unsere Wurzeln und haben uns zu einem Teil geprägt. Wenn wir sie ablehnen, lehnen wir auch uns selbst ab. Deshalb beginnen wir die Naikan-Übung mit der Frage: Was hat meine Mutter/mein Vater zu einer bestimmten Zeit für mich getan? Das hilft uns – auch bei einer schwierigen Elternbeziehung –, unsere Herkunft anzunehmen, was die Voraussetzung ist für Selbstakzeptanz. Diese wiederum ist eine wichtige Grundlage für Glück und Zufriedenheit im Leben.

Die Perspektive wechseln

Auch die dritte Naikan-Frage dient – unter anderem – dazu, die eigenen Eltern akzeptieren zu lernen. Denn wenn ich erkenne und zugebe, dass auch ich kein Engel bin und meine Eltern so einiges von mir ertragen mussten, kann ich sie in einem anderen, versöhnlicheren Licht betrachten. Deshalb stellen wir bei der Naikan-Übung die – letztlich wichtigste – Frage, die uns in der eigenen Entwicklung am meisten weiterbringt: Welche Schwierigkeiten habe ich meiner Mutter/meinem Vater in einer bestimmten Zeit bereitet? Damit nehmen wir die Perspektive unserer Eltern ein und lernen sie, wie auch uns selbst, näher und besser kennen.

Wenn Sie sich immer wieder einmal vor Augen halten, wie wichtig es ist, die eigenen Eltern zu respektieren (bei aller Kritik, die man an ihnen üben könnte), dann werden Sie auf die erste und dritte Frage im Sinne von Naikan die »richtigen« Antworten finden.

Abneigung wird zu Respekt

Professor Akira Ishii, der Naikan nach Europa brachte, erzählt gerne die Geschichte eines Teilnehmers, der von dem folgenden Glaubenssatz überzeugt war: »Meine Mutter hat nichts für mich getan, sie war ständig betrunken!« Nachdem er seine Sicht auf die Mutter mithilfe von Naikan hinterfragt hatte, konnte er sehen und akzeptieren, dass seine Mutter viel für ihn getan hatte, obwohl sie ständig betrunken war. Sie hatte ihn trotzdem meist ordentlich versorgt, für ihn und die Familie gekocht und die Wohnung sauber gehalten, ihn gegenüber Lehrern verteidigt, sich für seine Belange interessiert. Auch fiel ihm auf, dass es durchaus Momente gab, in denen sie nicht betrunken war. Die waren zwar selten, aber immerhin vorhanden. Mit diesen Erkenntnissen, die er im Rahmen einer einzigen Naikan-Woche erlangte, konnte sich die Abneigung gegen die Mutter in ein Gefühl des Respekts wandeln und zur Versöhnung führen.

Dieses für mich immer wieder anrührende Beispiel zeigt, wie wichtig es ist, sich bewusst zu machen, was wir von unseren Eltern tatsächlich bekommen haben, und auch, wie eingeschränkt unsere unhinterfragte Sichtweise sein kann.

Sich selbst erkennen

Naikan verändert mit seinen drei Fragen nicht nur die Sicht und die Haltung gegenüber unseren Eltern, sondern auch die Art und Weise, wie wir uns selbst sehen. Hierbei spielen die zweite und wiederum die dritte Frage ein wichtige Rolle. Letztere ist sicher die schwierigste und anspruchsvollste der drei Fragen! So empfiehlt denn auch Ishin Yoshimoto, der Begründer von Naikan, 60 Prozent der Übungszeit auf die dritte Frage zu verwenden. Denn bei dieser Frage läuft man am meisten Gefahr, sich selbst zu belügen beziehungsweise oberflächlich über manches hinwegzuschauen. Wenn wir aber ehrlich damit umgehen, bringt sie uns weiter in unserer Entwicklung als jede andere.

Was sind Schwierigkeiten?

Generell können wir drei Arten von Schwierigkeiten unterscheiden: bewusste, unbewusste und unvermeidbare. Zur ersten gehören alle Handlungsweisen, die darauf zielen, dem anderen Schaden zuzufügen oder uns einen Vorteil zu verschaffen. Lügen, Stehlen, Prügeln, Handlungen aus Neid, Habgier oder Eifersucht, aber auch, sich mit fremden Federn zu schmücken, sich vorzudrängeln oder andere schlechtzumachen, gehört beispielsweise dazu. Die zweite Art Schwierigkeiten bereiten wir aus Achtlosigkeit. Es fällt uns in der Eile und Hektik oder aus Interesselosigkeit nicht auf, wenn wir jemandem zu nahe treten, uns wie »ein Elefant im Porzellanladen« verhalten. Oder wir albern im Büro herum, ohne das verweinte Gesicht der Kollegin zu beachten, deren Mann vor Kurzem einen Schlaganfall hatte.

Die dritte Kategorie, die unvermeidbaren Schwierigkeiten, entstehen durch unser So-Sein. Kommen wir zum Beispiel mit einer kränklichen Konstitution zur Welt, können wir nicht vermeiden, dass unsere Eltern häufiger mit uns zum Arzt gehen müssen. Oder unsere persönlichen Bestrebungen, Ziele und Wünsche können von den Vorstellungen Dritter abweichen und ihnen somit Schwierigkeiten bereiten. Auch Unwissenheit gehört in diese Kategorie: Einem trockenen Alkoholiker eine gute Flasche Wein zu schenken, kann ich nur vermeiden, wenn ich über den Zustand Kenntnis habe. Und einer Frau mit heißem, aber unerfülltem Kinderwunsch, von dem ich jedoch nichts weiß, bereite ich unweigerlich Schwierigkeiten, wenn ich freudestrahlend von meiner Schwangerschaft berichte. Naikan hilft uns dabei, die drei Arten zu erkennen, an uns zu akzeptieren, dort, wo es möglich ist, zu vermeiden oder auch sie hinzunehmen und auszuhalten. Das Wichtigste bei der Betrachtung der Schwierigkeiten ist, sich möglichst in die Lage der Person zu versetzen, der gegenüber Sie sich gerade prüfen.

 ### SCHWIERIGKEITEN ODER UMSTÄNDE?

Es ist verständlich, dass wir uns selbst gern im besten Licht sehen wollen. Fehler geben wir nicht so leicht zu, vor allem nicht, wenn wir jemandem damit geschadet haben, und schon gar nicht, wenn es sich bei »jemand« um einen nahestehenden Menschen handelt. Deshalb mögen wir auch die dritte Naikan-Frage nicht so gern. Um den Zugang zu ihr zu erleichtern, können Sie von Zeit zu Zeit das Wort »Schwierigkeiten« durch den Begriff »Umstände« ersetzen (so wie wir Probleme als »zu lösende Aufgaben« umschreiben können). Das wirkt weniger vorwurfsvoll! Die Wirkung bleibt sicher die gleiche, solange Sie Ehrlichkeit anstreben.

Manche Dinge, die wir beim Naikan gern der dritten Frage zuordnen, sind übrigens keine Schwierigkeiten im Sinne von Naikan. »Ich habe meiner Mutter Schwierigkeiten bereitet, weil ich so lebhaft war«, gehört zum Beispiel nicht hierher. Sie sind auf die Welt gekommen, um so zu sein, wie Sie gemeint sind, nicht wie Ihre Mutter Sie haben will. Wenn sie Schwierigkeiten mit Ihrer Lebhaftigkeit hatte, dann ist das genau genommen ihr Problem. Wenn Sie allerdings in Ihrer lebhaften Art eine Vase zerbrochen, sich selbst oder andere verletzt hätten, dann wäre das eine Tatsache im Sinne von »Schwierigkeiten bereiten« (sehen Sie dazu auch den Abschnitt »Konkrete Antworten suchen« auf Seite 120).

Schwieriges Geben und Nehmen

Mit der zweiten Frage widmen wir uns unserer Sonnenseite, den Dingen, die wir für unsere Eltern oder andere Menschen in der Vergangenheit getan haben. Auch das gehört zur Selbsterkenntnis. Sie haben oben bei den Übungen schon gesehen, dass es hier nicht darauf ankommt, ob andere das, was Sie für sie getan haben, auch schätzten oder ob sie sich dafür bedankten. Es kommt einzig und allein auf Ihren guten Willen an, nicht darauf, ob etwas bemerkt und gewürdigt wurde.

Die zweite Frage zielt also darauf ab, unsere »guten Taten« und damit auch unsere Fähigkeiten ans Licht zu holen. Dennoch tritt bei manchen Naikan-Übenden genau der umgekehrte Effekt ein, nämlich das Gefühl, zu wenig gegeben zu haben. Wenn Ihnen das passiert, sollten Sie sich vor Augen führen, dass es in der Natur der Sache liegt, dass wir weniger geben, als wir bekommen. Schließlich profitieren wir von vielen – Eltern, Geschwistern, Großeltern, Freunden, Bekannten, Kollegen –, während wir nur als Einzelne geben können. Auch die Tipps auf Seite 114 können hier weiterhelfen.

ZU VIEL ODER ZU WENIG GEGEBEN?

Ich habe zu wenig in meinem Leben gegeben.
Wenn das der Schluss aus Ihrer Naikan-Arbeit ist, dann können Sie Folgendes tun:

- Sie können jetzt sofort damit anfangen, mehr zu geben. Das können alltägliche Kleinigkeiten sein – der Verkäuferin ein Lächeln schenken – oder große Taten – sich ehrenamtlich zu engagieren.

- Sie können – und das empfehle ich Ihnen – sich Ihrer Vergangenheit gegenüber erneut prüfen. Verwenden Sie dabei die bekannte Zeitstruktur (0–6 Jahre, 6–10 Jahre, 10–14 Jahre ...), aber prüfen Sie sich nur mit der zweiten Frage gegenüber allen Menschen, die Sie kennen. Damit können Sie Ihren – wie ich vermute etwas schiefen – Blick geraderücken und erkennen, dass Sie sehr viel im Leben gegeben haben.

Ich habe immer mehr gegeben als bekommen.
Auch wenn das Ihr Eindruck ist, können Sie mit einer erneuten Überprüfung der Vergangenheit anhand der ersten Frage den Tatsachen näher kommen:

- Strukturieren Sie die Jahre in der gewohnten Weise, und suchen Sie nur Antworten auf die erste Frage. Sie werden erkennen, dass sehr viele Menschen in Ihrem Leben etwas für Sie getan und Sie eine ganze Menge erhalten haben! Eine Bäckersfrau hat Ihnen eine Breze verkauft, der Metzger hat Ihnen bei jedem Einkauf ein Stück Wurst geschenkt, eine Freundin ihre Cola mit Ihnen geteilt, ein Fremder Ihnen den Weg gezeigt ...

Auch der umgekehrte Fall ist möglich. Man kommt bei der Aufarbeitung der Vergangenheit mit den Naikan-Fragen zu dem Schluss, dass man immer viel mehr gegeben als bekommen hat. Vorsicht! Hinter dieser Auffassung könnte die vierte Frage stecken. Denn in dieser Sichtweise kann sich der Glaubenssatz verbergen, von den Eltern und anderen zu wenig bekommen zu haben. Das wäre – im Sinne von Naikan – unzulässig, weil wir ja eben nicht, wie oben ausführlich begründet, danach Ausschau halten, was uns angetan oder in diesem Fall nicht für uns getan wurde. Lesen Sie dazu bitte auch die Anmerkungen »Zu viel oder zu wenig gegeben?« im Kasten auf Seite 114.

Die Antworten richtig zuordnen

Wenn ich bei einwöchigen Naikan-Seminaren zu den Teilnehmern komme, um ihnen zuzuhören, fällt mir immer wieder auf, dass die Zuordnung der Erinnerungen zu den Fragen zuweilen nicht ganz einfach zu sein scheint. Damit das bei Ihrer Naikan-Selbsterfahrung nicht zum Stolperstein wird, möchte ich Ihnen auf den folgenden Seiten ein paar Tipps geben.

Gehört das zu den Schwierigkeiten?

Ein Teilnehmer fragte mich einmal: »Ich studierte nicht, was meine Eltern wollten. Gehört das zur Frage mit den Schwierigkeiten?« Die Tatsache allein, dass er nicht das studierte, was seine Eltern wollten, gehört zu den unvermeidbaren Schwierigkeiten und müsste daher hier nicht aufgeführt werden. Jeder Mensch hat das Recht auf seine eigene Entwicklung und Verwirklichung – unabhängig von den Wünschen der Eltern. Allerdings gibt es im Rahmen solcher Entscheidungen oft Diskussionen, die das ein oder andere böse Wort mit sich bringen oder eine längere »Funkstille« zwischen Eltern und Nachwuchs nach sich ziehen. Wenn man sich bei einer solchen Frage im Detail prüft, kann es durchaus sein, dass man Antworten findet, die zur dritten Frage gehören. Etwa: Ich habe bei einer Diskussion die Wohnzimmertür zugeknallt. Ich habe meinen Vater angeschrien. Ich habe einige Tage kein Wort mit meiner Mutter gewechselt. Ich bin für ein paar Tage zu einem Freund gefahren, ohne den Eltern Bescheid zu geben ...

Ich konnte ihr gar keine Schwierigkeiten machen

Eine häufig nicht als solche erkannte Schwierigkeit ist die oben bereits erwähnte Funkstille. Ja mehr noch, manchmal neigen Menschen dazu, einen Kontaktabbruch als Erklärung dafür zu verwenden, dass sie jemandem gar keine Schwierigkeiten bereiten konnten. »Ich konnte meiner Mutter in diesem Zeitraum keine Schwierigkeiten machen, weil wir keinen Kontakt hatten«, sagte mir einmal eine Teilnehmerin nach ihrer Naikan-Übung gegenüber der Mutter. Wenn Sie ebenfalls zu einem Elternteil schon längere Zeit keinen Kontakt mehr haben, dann bitte ich Sie, sich vorzustellen, wie Eltern sich wohl fühlen, wenn Kinder – egal welchen Alters – sich nicht mehr melden. Natürlich ist es nicht nötig, ständig bei den Eltern anzurufen und sich zu jeder Gelegenheit an- oder abzumelden. Die Eltern müssen auch nicht immer wissen, was wir gerade so planen oder tun. Sie jedoch völlig zu ignorieren, gar keinen Kontakt mehr zu pflegen und sie überhaupt nicht teilhaben zu lassen an unserem Leben, ist ungesund und undankbar. Es spricht für große Verletztheit oder übermäßigen Stolz. Ersteres entsteht häufig durch Missverständnisse, die dringend aufgeklärt werden sollten, sei es durch ein Gespräch oder eine Naikan-Übung. Zweiteres wird Ihnen sicher auch an anderen Stellen beziehungsweise mit anderen Personen in Ihrem Leben hinderlich sein und bedarf daher ebenfalls einer Auflösung mithilfe von Naikan.

Ich fühle mich jetzt vollständiger

Ich dachte immer, meine Mutter mag mich nicht, weil sie mich ständig schlug. Jetzt merkte ich, sie war einfach völlig überlastet mit ihrem Job, meinem Vater, meinen Brüdern und mir. Sie war zu allen so grob, hat uns aber trotzdem recht ordentlich groß bekommen. Und ich war ein sehr rebellisches Kind – das machte es für sie sicher auch nicht leichter. Jetzt fühle ich mich nicht mehr so »minderwertig«. Nach der Naikan-Woche habe ich sie gleich angerufen und habe nun regelmäßig Kontakt zu meiner Mutter – nachdem wir jahrelang nichts voneinander gehört hatten. Ich fühle mich dadurch irgendwie »vollständiger«.

Klaus H.

Selbst wenn der Bruch ursprünglich von Ihren Eltern ausging, sollten Sie sich nach einer angemessenen Zeit bemühen, den Frieden wiederherzustellen. Wenn Sie mithilfe der Naikan-Übung Ihren Anteil an der Problematik erkannt haben, wird Ihnen das auch nicht schwerfallen. Auf alle Fälle können gravierende Differenzen und Streitigkeiten in Familienverbänden Ursache für so manche wiederkehrenden Schwierigkeiten im Leben sein, die sogar generationsübergreifend wirksam werden. Es kann durchaus sein, dass sich ein Abbruch des Kontaktes zu den Eltern auf Ihre eigenen Kinder auswirkt. Daher ist es nicht verwunderlich, dass ein Thema in manchen Familien immer wieder auftritt, sich beispielsweise in einer Familie seit Generationen Mutter und Tochter hassen, sich Kinder komplett von Eltern abwenden, sich immer wieder Paare scheiden lassen und vieles mehr.

Mit welcher Frage hat das zu tun?

Ein Teilnehmer berichtete, dass seine Eltern ihn wegen der Wahl seiner Frau enterbt haben. Ihm war unklar, welcher der drei Naikan-Fragen er diese Tatsache zuordnen sollte. Da er an diesem Tag dabei war, Naikan im Hinblick auf seine Eltern zu üben, sagte ich ihm, dass diese Geschichte zu keiner Naikan-Frage gehört: Dass seine Eltern ihn aufgrund der Partnerwahl enterbten, empfand er als große Ungerechtigkeit und war darüber entsprechend wütend und enttäuscht. Der Anspruch auf sein rechtmäßiges Erbe war ihm genommen worden. Diese Wut ist verständlich, hilft ihm aber auf seinem Weg von Verstehen, Verzeihen und Versöhnen nicht weiter. Er war dabei, sich in den Fallstricken der vierten Frage zu verheddern, negative Gefühle zu schüren und seine Energie in eine falsche Richtung zu lenken. Die Frage, was seine Eltern ihm angetan haben, gehört – Sie wissen es bereits – nicht ins Naikan (siehe dazu auch Seite 76, »Was hilft uns unser Recht?«).

Hätte dieser Mann sich allerdings gerade gegenüber seiner Frau geprüft, könnte man die Angelegenheit vielleicht der zweiten Frage zuordnen. Die entsprechende Antwort würde dann zum Beispiel lauten: Obwohl ich von meinen Eltern deswegen enterbt wurde, entschied ich mich für sie. Oder auch: Ich hielt gegen den Widerstand meiner Eltern zu ihr.

Wer hat was für wen getan?

Mit zunehmender Übung können Sie Antworten auf die ersten beiden Fragen genauer durchleuchten und differenzierter betrachten. Naikan-Neulingen gelingt das noch nicht so leicht. Ein Teilnehmer sagte zum Beispiel auf die Frage, was er von seinem Kind bekommen habe: »Er hat gute Noten nach Hause gebracht.« Und eine Teilnehmerin antwortete auf die Frage, was sie der Mutter gegeben habe: »Ich habe ihr einen passablen Schwiegersohn präsentiert.« In beiden Fällen ist zweifelhaft, ob es sich wirklich um etwas handelt, das sie tatsächlich gegeben haben. Ob der Sohn wirklich dem Vater zuliebe gebüffelt hat oder nicht einfach Begabung und persönlicher Ehrgeiz eine Rolle spielten? Ob die Tochter ihren Lebenspartner wirklich für die Eltern ausgesucht hat oder sich die »Passgenauigkeit« des Schwiegersohnes doch eher zufällig ergeben hat?

Bei der ersten Frage ist eine derartige Unterscheidung zwischen Zufall und wirklichem »Geschenk« nicht so wichtig. Letztlich geht es hier um alles, wovon Sie profitiert haben und was Sie glücklich oder froh gemacht hat. Daher schaden entsprechende Antworten auch nicht Ihrem Entwicklungsprozess. Anders sieht es bei der zweiten Frage aus. Steht zum Beispiel in Ihrem Tagebuch »Ich habe meine Großmutter besucht«, sollte diese Antwort der zweiten Frage nur dann zugeordnet werden, wenn der Besuch aus Zuneigung oder dem ehrlichen Wunsch, die Großmutter zu sehen, erfolgte. Es sollte kein Hintergedanke dabei gewesen sein, etwa dass Sie sich eine Aufbesserung des Taschengeldes erhofften oder einen Rat brauchten. Hier geht es in gewisser Weise um Ihre Ehrlichkeit, Ihre Bereitschaft, ernstlich herauszufinden, was Sie auf Ihr Konto tatsächlich verbuchen können. In diesem Zusammenhang ist es sinnvoll, sich öfter die Frage zu stellen: »Habe ich das wirklich für sie/ihn getan (oder hat es sich zufällig ergeben beziehungsweise lag es in meinem ganz eigenen Interesse, das zu tun)?«

Antworten richtig formulieren

Bereits im Abschnitt über die Zuordnung von Antworten hat sich gezeigt, wie wichtig die passende Formulierung sein kann. Deshalb möchte ich dieses Thema noch genauer unter die Lupe nehmen. Ein ganz wesentlicher Punkt dabei, der mir bei der Begleitung von Seminarteilnehmern immer wieder auffällt, ist, dass die Antworten oft nicht konkret formuliert beziehungsweise sehr allgemein gehalten sind. Die Gefahr dabei ist, dass auch die Art der Prüfung oberflächlich und allgemein bleibt. Je mehr es uns jedoch gelingt, in der Kontemplation in die Tiefe, ins Detail vorzudringen, desto klarer und ehrlicher kann unser Selbstbild werden.

Konkrete Antworten suchen

Wir suchen im Naikan nach Tatsachen, die in unserem Leben passiert sind. Aussagen wie »Sie hat mir Sicherheit gegeben« oder »Er hat mir seine Liebe geschenkt« spiegeln Empfindungen wider. Wenn Sie diese Empfindungen weiter hinterfragen, können Sie erkennen, was jemand wirklich ganz konkret für Sie getan hat und wie reich Sie in Ihrem Leben tatsächlich beschenkt wurden. Hier Vorschläge für die beiden genannten Beispiele:

• »Sie hat mir Sicherheit gegeben.« – Wie hat sie mir Sicherheit gegeben? Sie hat mich vor dem Nachbarjungen beschützt. Sie hat mich ins Karate-Training geschickt. Sie hat mir ein Dach über dem Kopf gegeben ... Suchen Sie nach konkreten Handlungen und Taten, die Ihnen dieses Gefühl der Sicherheit vermittelt haben.

- »Er hat mir seine Liebe geschenkt.« – Wie hat sich das gezeigt? Er hat mich im Arm gehalten, als ich Fieber hatte. Er hat mir Blumen geschenkt und mich zum Essen eingeladen. Er hat mich getröstet, als meine Freundin mich verlassen hat ... Suchen Sie danach, wie sich diese Liebe für Sie im alltäglichen Leben ausgedrückt hat.

Natürlich sind »Sicherheit« und »Liebe« wichtige Dinge im Leben, und ich will auf keinen Fall sagen, dass derartige Antworten generell »falsch« sind. Ich empfehle Ihnen jedoch, genau hinzuschauen und solche Aussagen zu konkretisieren – insbesondere dann, wenn eine allgemeine Aussage die einzige ist, die Sie auf eine Frage gefunden haben.

Auf versteckte Vorwürfe achten

»Ihre Schläge haben bewirkt, dass ich ein braves Kind sein konnte!« Diese Aussage enthält mehr oder weniger versteckt einen Vorwurf im Sinne der vierten Frage, die wir – wie bereits mehrfach erwähnt – im Naikan nicht näher betrachten. Solange nämlich Groll und Verbitterung über das Fehlverhalten anderer uns davon abhalten, die Person realistisch zu sehen, bleiben wir in der Rolle als Opfer gefangen. Die Programmierung »Ich hätte ja anders werden können, wenn nicht ...« kann nicht aufgelöst werden, wenn Sie in Ihre Antworten »heimlich« Anschuldigungen einflechten, und Sie werden weniger Nutzen aus Ihrer Naikan-Übung ziehen.

Klar formulierte Sätze bilden

Sich Tatsachen anzuschauen heißt unter anderem, allgemein gehaltene Aussagen zu konkretisieren (siehe oben), und das wiederum bedeutet, Sätze klar zu formulieren und keine Einschränkungen

zu machen. Stehen in Ihrem Tagebuch Sätze wie *Wahrscheinlich*
habe ich Schwierigkeiten bereitet, weil ... oder *Möglicherweise* hatte
mein Vater Probleme, weil ..., bedeutet das, dass Sie den Tatsachen
noch nicht ins Auge sehen. Das ist aber wichtig, um die Wirkung
des Naikan-Prozesses im vollen Umfang auszuschöpfen. Also:
Auch wenn Sie sich das ein oder andere Mal schämen für das, was
Sie getan haben, oder das schlechte Gewissen von damals lebhaft
wieder spüren – formulieren Sie den Satz ohne Ausflüchte und
Begründungen: »Ich schlug meinem Vater die Tür vor der Nase zu«
ist eine Aussage ohne Wenn und Aber. Es war so, Sie waren so, und
es ist nicht mehr zu ändern. Akzeptieren Sie es, dann kommt das
Verzeihen von selbst!

Entscheidungen treffen

Häufig kommt es vor, dass eine Situation zu mehreren Fragen
passt. Hier ein Beispiel: Sie gehen mit Ihrem kranken Kind zum
Arzt, aber das Kind hat Angst vor dem Doktor und will nicht. Aus
Ihrer Sicht haben Sie etwas für das Kind getan, denn wären Sie
nicht mit ihm zum Arzt gegangen, wäre es nicht gesund geworden.
Betrachten Sie die gleiche Situation jedoch aus den Augen Ihres
Kindes, müssten Sie sie unter der dritten Frage ebenfalls aufführen, denn Ihr Kind hatte offensichtlich Schwierigkeiten damit.
Entscheiden Sie, ob Sie die Situation der zweiten, der dritten oder
beiden Fragen zuordnen wollen. Eine exakte Formulierung (siehe
oben) hilft Ihnen sehr wahrscheinlich dabei: »Ich habe mein Kind
zum Arzt gebracht« (Frage 2) und/oder »Ich habe mein Kind zum
Arzt gebracht, obwohl es Angst davor hatte« (Frage 3).

Zu seinen Schattenseiten stehen

Die anspruchvollste Aufgabe beim Naikan ist, sich seine dunklen Seiten anzuschauen und die eigenen Verfehlungen einzugestehen. Doch gerade das ist wichtig, wenn wir uns wirklich mit uns und unserer Vergangenheit versöhnen wollen.

Der höchste Anspruch des Naikan

Eine der schwierigsten Naikan-Übungen, die wir kennen, ist die Prüfung gegenüber den Themen Lügen, Stehlen, Töten beziehungsweise Zerstören. Sie ist am besten geeignet, uns die eigenen Schattenseiten vor Augen zu führen, und hilft, wenn Ihnen zur dritten Frage nur wenig einfällt oder wenn Sie dazu neigen, eher andere Menschen zu kritisieren als sich selbst. Sie brauchen für diese Übung mindestens genauso viele Tage, wie Sie für Ihre Mut-

ter oder Ihren Vater aufgewendet haben, da Sie sich dabei ebenfalls von Kindheit an prüfen. Das eindrückliche Erlebnis, das Sie
dadurch haben werden, wird die Qualität Ihrer weiteren Naikan-
Übung deutlich verändern.

Vielleicht fragen Sie sich jetzt, warum wir dann nicht gleich mit
einem Naikan gegenüber Lügen, Stehlen, Töten und Zerstören
beginnen. Ich denke, damit wäre jeder Naikan-Einsteiger schlicht
überfordert. Wer könnte ungeübt die nötige Distanz und Offen-
heit aufbringen, sich die eigenen Verfehlungen ehrlich anzusehen,
ohne dabei in Selbstanklage oder gar Depression zu verfallen? Mit
der Vorarbeit zu einigen Personen aus der Stammfamilie haben
Sie jedoch bereits eine gewisse Routine darin erlangt, sich auch
Ihre unangenehmen Seiten einzugestehen, und können den hohen
Anspruch dieser Aufgabe nun erfüllen.

Die Vielfalt der Verfehlungen

Wenn Sie sich zunächst einmal fragen, was mit den Begriffen
»lügen«, »stehlen«, »töten« oder »zerstören« gemeint ist, werden
Sie sehr schnell Antworten finden: Ich lüge, wenn ich die Unwahrheit sage. Diebstahl ist, wenn ich jemandem etwas klaue. Wenn
ich etwas zerstöre, mache ich etwas kaputt, und wenn einer tötet,
dann nimmt er jemandem das Leben. Außer beim Lügen denken
wir meist materiell, also zum Beispiel Geld stehlen, ein Spielzeug
kaputt machen, und beim Töten denken wir an einen Menschen,
der ermordet wird. Damit die Naikan-Übung aber wirklich ihren
Zweck erfüllen kann, lohnt es sich, die Begriffe genauer anzuschau-
en und herauszufinden, welche Verhaltensweisen und Taten im
erweiterten Sinne damit gemeint sein können. Welche zusätzlichen
Bedeutungen stecken also in den Begriffen?

Was bedeutet lügen?

Wenn ich die Unwahrheit sage, lüge ich. Doch auch etwas verschweigen, nichts sagen, so tun als ob, mit den Achseln zucken, statt zu antworten, jemanden im Ungewissen lassen, Pauschalurteile fällen, Halbwahrheiten erzählen, vage Andeutungen machen, durch Körpersprache etwas anderes ausdrücken, als wir sagen, gegen besseres Wissen handeln, nicht eingreifen oder sich nicht einmischen, etwas Verbotenes heimlich tun – das alles zählt zum Thema Lügen, wobei diese Liste keinen Anspruch auf Vollständigkeit erhebt. Fällt Ihnen also noch etwas ein, das Sie zum Thema Lügen zählen würden, können Sie es selbstverständlich Ihrer persönlichen Liste hinzuzufügen. Gleiches gilt natürlich auch für die anderen beiden Themen.

● **Beispiele:** Ich leugnete, das Fahrrad meines Bruders benutzt zu haben. Ich tat, als hätte ich das Winken meiner Mutter nicht gesehen, um weiterspielen zu können. Mein Stein traf die Fensterscheibe, und ich lief davon, ohne dass mich jemand gesehen hatte. Ich erzählte meiner Mutter, ich sei um zehn Uhr zu Hause gewesen, es war aber später. Ich sagte der Lehrerin, ich hätte die Hausaufgaben nicht machen können, weil meine Schwester einen Unfall hatte (obwohl ich zuvor genügend Zeit gehabt hätte). Ich sagte dem Chef, der Bus hätte Verspätung gehabt und deshalb sei ich zu spät dran. Ich erzählte meiner Frau, ich müsse noch arbeiten, dabei war ich mit einer Freundin aus. Am Stammtisch gab ich den Spruch von mir: »Alle Polen klauen.« Ich behauptete, Kopfschmerzen zu haben, um nicht wie verabredet mit ins Kino zu müssen. Als meine Mutter ins Zimmer kam, klickte ich am Computer von meinem Lieblingsspiel schnell auf Hausaufgaben. Als die Polizei mich aufhielt, leugnete ich, etwas getrunken zu haben …

Was bedeutet stehlen?

Nicht nur materielle Dinge kann man stehlen, auch Zeit, Wissen
(beliebt bei Doktorarbeiten), Aufmerksamkeit, Liebe, Fähigkeiten
(sich mit fremden Federn schmücken), Geduld, Freundschaft.

• **Beispiele:** Ich nahm einer Klassenkameradin zwei Euro aus der
Geldbörse. Bei der Schulaufgabe schrieb ich bei meinem Nachbarn ab. Ich drängelte mich am Lift vor. In der Schule war ich ein
Streber und spielte mich ständig in den Vordergrund. Ich erzählte
meiner Mutter lange und ausführlich über den Sportunterricht,
um nicht beim Abräumen helfen zu müssen. Ich nahm aus der Firma eine Packung Druckerpapier mit. Ich kam eine halbe Stunde zu
spät zu einer Verabredung. Ich simulierte Unwohlsein, durfte mich
deshalb ins Bett legen, und meine Mutter brachte mir Tee und Kek-
se. Als eine Kollegin in Urlaub war, schrieb ich ihren Wochenbe-
richt fertig und gab ihn als meinen aus. Ich spannte einer Schulkol-
legin den Freund aus. Ich fuhr immer wieder mit meinem neuen
Porsche durch die Altstadt, damit ihn auch jeder sehen konnte …

Töten und zerstören

Im Gegensatz zum »Morden« kann das Töten mehr bedeuten
als »das Leben nehmen«. So kann ich beispielsweise jemandem
den »Nerv töten«. Da aber auch so etwas wie »die Stimmung
kaputt machen« hierher gehört, habe ich für mich beschlossen,
der ursprünglichen Kategorie »Töten« das Wort »zerstören« hinzuzufügen. Damit können Naikan-Übende und ich als Naikan-
Begleiterin menschliches Verhalten auch in Bezug auf Begriffe wie
»Vertrauen« oder »Existenz« prüfen, ganz abgesehen natürlich von
den materiellen Dingen, die man zerstören kann.

• **Beispiele:** Ich habe einem Frosch eine Zigarette ins Maul gesteckt und zugesehen, wie er starb. Ich erschlug eine Ringelnatter mit einem Stock. Wollte ich etwas haben, schrie ich so lange, bis ich es bekam. Als wir eine Party feierten, trank ich so viel, dass man den Krankenwagen rufen musste. Wir brachen in ein Haus ein und schlugen im Keller alles kurz und klein. Ich lieh mir eine große Summe Geld von einem Freund und zahlte es lange nicht zurück. Ich schlief mit der Freundin meines Freundes. Als ich auf der Party meinen Freund mit einer anderen reden sah, fing ich Streit an. Weil ich neidisch auf den neuen Wagen eines Kollegen war, zerstach ich einen Autoreifen. Wenn meine Frau sich auf einem Fest amüsierte, wollte ich nach Hause und sie musste mit. Ich spekulierte mit dem Geld meines Partners und verlor alles …

Von Kindheit an

Beginnen Sie bei dieser Übung wieder mit Ihrer Vorschulzeit, also mit dem Alter von 0 bis 6 Jahren. Versuchen Sie, sich an möglichst konkrete Ereignisse zu erinnern. Dann prüfen Sie, zu welchem der drei Themen Ihr Verhalten passen könnte. Ist die von Ihnen festgelegte Naikan-Übungszeit von 20–50 Minuten vorbei, schreiben Sie die Antworten zu jedem einzelnen Thema in Ihr Tagebuch. Fahren Sie in den nächsten Tagen wie gewohnt im Vier-Jahres-Rhythmus fort bis heute. Sie werden feststellen, dass Ihnen im Laufe der Zeit immer mehr einfällt und die »Vergehen« nach und nach immer bewusster ausgeführt wurden. Denn als kleine Kinder handeln wir eher intuitiv, absichts- und gedankenlos. Mit zunehmendem Alter lügen, stehlen und töten wir mehr und mehr, um uns Vorteile zu verschaffen, aus Angst vor Strafe, aus Scham, aus Geltungsbedürfnis, aus Rache, Zorn, Eifersucht und so fort.

BEISPIEL FÜR EIN NAIKAN GEGENÜBER SCHATTENSEITEN

Meine Vergehen, o bis 6 Jahre

Lügen: Im Kindergarten tat ich während der Mittagsruhe, als ob ich schliefe, um eine Belohnung zu bekommen. Im Krankenhaus schüttete ich die Suppe in die Toilette und sagte, ich hätte sie gegessen. Als der Nikolaus kam, bewegte ich die Lippen, obwohl ich das Gebet nicht konnte. Als meine Mutter fragte, warum mein Bruder weint, sagte ich, ich wüsste es nicht ...

Stehlen: Ich fing vor dem Nikolaus ungefragt an, mein Gedicht aufzusagen, und stahl meiner Cousine damit die Aufmerksamkeit. Ich nahm einen Apfel, ohne zu fragen. Ich sammelte ohne Erlaubnis die Kastanien aus dem abgesperrten Nachbargrundstück. Ich aß den Obstbrei selbst, statt meinen Bruder damit zu füttern ...

Töten/Zerstören: Ich warf mich vor dem Kaugummiautomaten schreiend und strampelnd auf den Boden und tötete damit meiner Mutter den Nerv. Ich zerstörte das Puzzle meines Nachbarn im Kindergarten. Ich riss einer Fliege beide Flügel aus ...

Achten Sie bei dieser Übung ganz besonders darauf, nicht in die Falle der Selbstberuhigung zu tappen. Ausflüchte wie: Das habe ich ja nur getan, weil ...; das geschah ihm aber auch recht ...; selbst schuld ...; so schlimm war das ja gar nicht ... und so fort, sind schlichter Selbstbetrug. Es klagt Sie keiner an, außer vielleicht Sie selbst. Es ist alles geschehen und kann nicht mehr rückgängig gemacht werden, wie unangenehm, beschämend oder schmerzhaft diese Erinnerungen für Sie auch sein mögen. Stehen Sie dazu, und schließen Sie Frieden damit. Sie können allerdings Lehren daraus ziehen und in Zukunft achtsamer mit sich und Ihrem Umfeld umgehen. Seit ich diese Übung zu Lügen, Stehlen, Töten und Zerstören absolviert habe, bin ich beispielsweise mit meinen Söhnen nicht mehr beleidigt oder böse, wenn sie ihre Arbeiten nicht wie versprochen ausführen. Ich habe gesehen, wie oft ich die Nerven meiner Mutter auf die gleiche Weise beanspruchte. Jeden Tag haben Sie eine neue Chance, Fehler von gestern nicht mehr zu machen; und passiert Ihnen doch wieder einer – haben Sie Geduld und kein schlechtes Gewissen! Es ist schon ein Fortschritt, wenn Sie Verfehlungen nun schneller erkennen. Fortschritte lassen sich mithilfe von Naikan übrigens auch bei straffällig gewordenen Menschen (siehe auch Seite 130) erzielen, wie das folgende Zitat zeigt.

Die eigenen Fehler erkennen

Es war ein Schritt, mit meiner Vergangenheit klarzukommen. Ich habe gelernt, dass man nicht nur die Fehler von anderen sehen soll, sondern auch mal die eigenen Fehler erkennen. Im Grunde habe ich mein Leben lang nichts anderes getan, als zu lügen, zu stehlen und zu betrügen! Ich fühle mich nun auch befreiter, weil ich zum ersten Mal nicht vor meinen Ängsten, Problemen und Gefühlen weggelaufen bin. Ich habe mich den Tatsachen gestellt und eine tolle Erfahrung mit Naikan gemacht.

Jenny M.

NAIKAN IM STRAFVOLLZUG

Laut einer älteren japanischen Studie war die Rückfallquote von Gefangenen, die Naikan üben durften, um rund 50 Prozent geringer als die einer Vergleichsgruppe ohne Naikan-Erfahrung. Derzeit wird in Deutschland ebenfalls eine wissenschaftliche Studie über die Wirkung von Naikan im Strafvollzug erarbeitet. Ein Zwischenergebnis belegt einen eindeutigen Anstieg von Einfühlungsvermögen und der Fähigkeit, die Perspektive von anderen Menschen einzunehmen, bei den Naikan-Übenden, was eine veränderte (geläuterte) Einstellung gegenüber den eigenen Straftaten bewirkt. Zweimal durfte ich bisher Teilnehmerinnen in einem Gefängnis bei ihrer Naikan-Übung leiten, jeweils unterstützt von der verantwortlichen Psychologin. Ich habe dabei miterlebt, wie sich bei den jungen Frauen (zwischen 18 und 21 Jahren) eine passiv-anklagende Grundhaltung (»Was hätte anderes aus mir werden können, bei dem Hintergrund« oder »Ich weiß nicht, wie das alles kam«) über das Eingeständnis, »Ich hatte die Wahl«, veränderte hin zu der Erkenntnis: »Ich war und bin nicht nur Opfer und kann mein Leben selbst in die Hand nehmen.« Die Frage war nun, würde sich die Naikan-Woche nachhaltig auswirken? Erfreut berichtete die Psychologin Monate später von Aussagen Bediensteter und Lehrer, denen eine positive Entwicklung im Verhalten auffiel: Die jungen Frauen waren offener, echter, freundlicher und gelassener. Sie ist überzeugt, dass diese Form der Selbstreflexion, vorausgesetzt, sie wird professionell durchgeführt, viele Gefangene erreichen kann. Und nicht nur Gefangene, möchte ich hinzufügen!

Auseinandersetzung mit der Gegenwart

Unser Leben im Hier und Jetzt ruht auf zwei Säulen: Da sind Partnerschaft und Familie auf der einen Seite und unsere Arbeit auf der anderen. Mit Naikan können wir nicht nur die Vergangenheit aufarbeiten, sondern uns auch gegenüber aktuellen Fragen im Privat- und Berufsleben prüfen – und dort, wo es notwendig ist, Veränderungen herbeiführen.

Naikan gegenüber Kindern

Auseinandersetzungen zwischen Eltern und ihrem Nachwuchs sind normal, ja sogar notwendig. Wenn aber Erziehung zum zermürbenden Stress wird, ist das für alle Beteiligten ungesund. Durch Naikan lernen Sie, gelassener mit Ihren Sprösslingen umzugehen.

Erziehung mit Naikan

Auch wenn ich in diesem Kapitel eher an die üblichen, in jeder Familie mit Kindern vorkommenden Herausforderungen und Auseinandersetzungen denke, können Sie ebenso einen Nutzen daraus ziehen, wenn Ihr Kind krank oder behindert ist. Denn es geht wie immer bei Naikan um Ihre eigene innere Haltung gegenüber dem Kind sowie dem akuten Thema. Selbst bei einem »schwer erziehbaren« Kind kann Naikan Ihnen helfen, indem es Ihnen das

Geben und Nehmen dieser Beziehung bewusst macht wie auch die Schwierigkeiten, die Sie Ihrem Nachwuchs bereiten – und die machen wir ihm genauso wie umgekehrt er uns. Die Naikan-Übung gegenüber Kindern führt dazu, dass es Ihnen leichter fällt, Ihren Standpunkt zu vertreten, ohne dabei laut und anklagend werden zu müssen und auch ohne sich dabei schlecht zu fühlen.

Permanenter Anpassungsstress

Unser größtes Handicap ist wohl, Kinder als unsere Geschöpfe, ja als unser Eigentum anzusehen. Statt sie als eigenständige Wesen zu verstehen, sie zu beobachten, herauszufinden, wie sie gemeint sind, einfach nur zu schauen, wie sie werden wollen, und uns damit zufriedenzugeben, sie dabei liebevoll zu begleiten und zu unterstützen, fangen wir frühzeitig an, sie zu (v)erziehen. Ohne es zu wollen, unterliegen wir dabei nicht nur unseren eigenen Erwartungen, die wir auf das Kind projizieren. Auch die Erwartungen der uns umgebenden Menschen, der eigenen Eltern, Schwiegereltern, der Gesellschaft im Allgemeinen wollen erfüllt werden. Wir wollen schließlich gute Eltern sein, aus unserem Kind soll »etwas werden«! Diese Erwartungen führen zwangsläufig dazu, dass wir unser Kind und uns ständig mit anderen vergleichen, und das schon sehr früh. Es fängt bereits während der Schwangerschaft an und hört nie auf: Das erste Strampeln im Bauch, das erste Lächeln, der erste Laut, der erste Löffel Festkost, die ersten zaghaften Schritte, das erste Ergebnis im Töpfchen – alles wird verglichen. Wehe dem Kind, das da nicht mithalten kann! Es wird aufs Töpfchen trainiert, mit viel Geschrei und Stress auf beiden Seiten. Der Kampf geht weiter und immer weiter – mit der Kleidung, die das Kind nicht anziehen will, dem Spinat, den es nicht essen will, dem Onkel oder der Tante, dem es kein Küsschen oder nicht die Hand geben will. Später dann, in der Schule, soll das Kind gute Noten und die besten Abschlüsse nach Hause bringen. Welches das passende Studium ist, der richtige Umgang, die beste Arbeitsstelle und der liebste Schwiegersohn, wissen wir unseren Zöglingen mit mehr oder weniger Nachdruck zu vermitteln. Und dabei meinen wir es immer nur gut, wollen ja immer nur ihr Bestes. – Aber wo bleiben hierbei die Entwicklungsmöglichkeiten, wie soll das Vertrauen in die eigenen Fähigkeiten wachsen, wie soll unser Nachwuchs die persönliche Freiheit erfahren, die wir uns selbst als Kinder und Jugendliche immer gewünscht haben?

OHNE GRENZEN GEHT ES NICHT

Solange Sie wenige, aber klare Grenzen setzen und auch darauf achten, dass diese eingehalten werden, werden Sie die gelegentlichen Auseinandersetzungen mit Ihrem Kind nicht wirklich als Problem empfinden. Welche immer die zu lösende Aufgabe mit Kindern ist – lösen können wir sie nur, wenn wir als Eltern uns unserer eigenen Vorstellung von Erziehung und unserer Anteile an der Problematik bewusst sind!

Vielleicht gehören Sie zu jenen Eltern, die sich und ihr Kind dem ganzen Anpassungsstress nicht aussetzen. Im Gegenteil, Sie lassen Ihrem Kind jede Freiheit, die es will? Auch das wird nicht gut funktionieren, wie uns die antiautoritäre Erziehungswelle bereits gezeigt hat. Kinder brauchen Grenzen, um die eigene Stärke erfahren zu können. Ganz ohne Reibung, Widerstand und ohne klare Grenzen können sie kein gesundes Selbstbewusstsein aufbauen.

Ein Teufelskreis setzt sich in Gang

Unsere Kinder – wie natürlich auch andere Personen – spiegeln uns jene eigenen Wesenszüge wider, die wir bei uns selbst nicht gut leiden und akzeptieren können – und deshalb oft erfolgreich verdrängt haben (siehe dazu auch Seite 62 und 80). Diese Eigenschaften fallen uns bei unserem Kind derart negativ auf, dass wir versuchen, sie ihm »auszutreiben« – der Kampf beginnt.

Doch der von uns so ungeliebte Wesenszug ist meist Teil der Charakterstruktur des Kindes, es kann ihn also nicht so einfach »ablegen«. Um Ihnen zu gefallen, wird es sich möglicherweise bemühen, was immer Sie stört zu unterlassen. Das erfordert eine immense Konzentration und Anstrengung, die das Kind natürlich nicht immer aufbringen kann. Und so bricht – wie auch bei uns selbst – die betreffende Eigenschaft immer wieder – meist im unpassenden Moment – hervor. Das bedeutet, das Kind muss uns zwangsläufig immer wieder enttäuschen!

Im Extremenfall kann das so weit gehen, dass Sie die Liebe zu Ihrem Kind nicht mehr spüren, was wiederum Ihr Kind mit seinen feinfühligen Antennen sofort registriert. Es wird versuchen, Ihre Liebe durch besondere Anstrengung wiederzugewinnen – was wiederum zum Scheitern verurteilt ist, weil es sich einfach nicht ununterbrochen derart konzentrieren kann – ein Teufelskreis setzt sich in Gang! Irgendwann wird einer der Beteiligten entmutigt aufgeben und sich in dieser Beziehung als unvollkommen, ja möglicherweise sogar als Versager fühlen.

Oder das Kind lernt, den Störfaktor als Druckmittel gegen Sie einzusetzen, um Sie für Ihre Ablehnung zu strafen. Das wird die Situation noch mehr verschärfen und den Teufelskreis immer weiter in eine Spirale treiben, die nur beide Parteien in gegenseitigem Respekt durchbrechen können.

Was sich durch Naikan ändern kann

Leider sind uns die geschilderten Zusammenhänge meist nicht bewusst. Wären sie es, könnten wir einige der oft zermürbenden und unnützen Auseinandersetzungen zwischen uns und unseren Kindern vermeiden. Dazu zwei Beispiele:

• Einer meiner Söhne hatte die – für mich unangenehme – Eigenschaft, mir immer dann etwas erzählen zu wollen, wenn ich gerade beschäftigt war und meine Ruhe wollte. Immer wieder versuchte ich, ihm klarzumachen, dass jetzt nicht der richtige Zeitpunkt sei, mir etwas mitzuteilen – ohne Erfolg. Aus meiner Sicht stellte sich das Ganze so dar, dass er gar nicht den »richtigen Zeitpunkt« finden wollte. Ich wurde schon wütend, wenn er nur den Mund aufmachte. Er fühlte sich dadurch von mir abgelehnt und verhielt sich seinerseits mir gegenüber mehr und mehr ablehnend und aggressiv. Als ich diese Situation im Naikan prüfte, konnte ich dazu zwei Dinge feststellen:

1. Ich selbst neige dazu, meine Mitmenschen zu völlig unpassenden Gelegenheiten mit meinen Angelegenheiten zu belästigen!
2. Mein Sohn konnte gar nicht den richtigen Zeitpunkt finden, weil es den für mich nicht gab! Es fehlte mir das Interesse an den Dingen, die er mir erzählen wollte!

Mittlerweile bemühe ich mich, öfter für meinen Sohn da zu sein und ihm aufmerksam zuzuhören, wenn er mir etwas erzählen möchte. Dafür reagiert er nun auch verständnisvoller, wenn es bei mir gerade einmal wirklich nicht passt.

• Schon als Kleinkind wusste ein anderer meiner Söhne ganz genau, was er wollte. Das äußerte sich zum Beispiel bei der Wahl der Kleidung. So kam es vor, dass er sich den von mir gewählten Pullover partout nicht überstreifen, die schöne Jeans nicht anziehen

WENIGER UNGERECHTIGKEITEN, WENIGER SCHLECHTES GEWISSEN

- Häufiger Brennpunkt in Eltern-Kind-Beziehungen ist der Vorwurf der Ungerechtigkeit. Vor allem wenn Geschwisterkinder da sind, hören wir oft Anklagen wie: »Michael muss das nicht machen, immer nur ich!« Oder: »Lena kriegt immer viel mehr als ich!« Und auch die Schulkameraden dürfen und bekommen immer mehr als unsere Kinder. Wie schön, wenn Sie in solchen Fällen gelassen bleiben können, weil Sie dank Naikan genau wissen, was Sie täglich für Ihre Kinder tun. Und vielleicht entdecken Sie ja auch Situationen, in denen Sie tatsächlich ungerecht sind – die können Sie dann in Zukunft vermeiden.

- Das schlechte Gewissen – ständiger Begleiter vieler Eltern – nimmt durch Naikan ebenfalls immens ab, denn Sie werden sich weniger unsicher fühlen, wenn Sie Ihren Kindern nicht das bieten können oder wollen, was diese von ihnen fordern. »Weil es alle haben, bekommen, dürfen ...« ist kein Argument mehr, weil Sie sich bewusst geworden sind, was Ihre Kinder stattdessen tatsächlich von Ihnen erhalten. An die Stelle des schlechten Gewissens tritt ein Gefühl von Souveränität.

Naikan wird Ihnen sicher nicht helfen können, allen Auseinandersetzungen aus dem Weg zu gehen oder Ihren Sprösslingen tatsächlich immer ganz gelassen zu begegnen. Aber Sie werden feststellen, dass es anscheinend ohne Ihr Zutun weniger oft zum Streit kommt!

lassen wollte. Meist wurde dies dann zu einem für mich ernsthaften Problem, wenn die Zeit drängte. Wir hatten einen Termin und sollten eigentlich schon weg sein, aber der junge Mann ließ sich eben nicht anziehen. Genervt und verzweifelt griff ich in meiner Not – die Zeit drängte ja – zum letzten mir verbleibenden Mittel: Gewalt! Das Kind tobte, ich ebenfalls, wobei gleichzeitig das schlechte Gewissen an mir nagte – ein unschöner Tag stand uns bevor.

Erst als ich Naikan kennenlernte, entdeckte ich, wie ich diese Situationen hätte entschärfen können: Auslöser war jedes Mal der Zeitdruck. Hätte ich einfach früher angefangen, meinen Sohn anzuziehen, oder ihn sich selbst anziehen lassen, wäre der Widerstand vielleicht gar nicht erst aufgekommen. Ein Nebeneffekt dieser Erkenntnis war übrigens, dass ich feststellte, wie oft ich auch in anderen Situationen mir und anderen durch falsches Zeitmanagement Stress verursacht hatte.

Bevor Sie loslegen

Da Sie nicht Ihr Kind ändern können, sondern nur sich selbst, ist es notwendig, Ihren eigenen Anteil an einer Situation mit den drei Naikan-Fragen zu untersuchen. Ideal wäre es, in einem der mittlerweile zahlreichen Naikan-Zentren die klassische Naikan-Woche zu absolvieren. Selbst bei schwierigsten Eltern-Kind-Beziehungen können hier die zugrunde liegenden Verhaltensweisen erkannt und eventuell aufgelöst werden. Natürlich kann Naikan nicht eine erforderliche Therapie oder einen Besuch bei einer Beratungsstelle ersetzen, es kann den Prozess jedoch in beiden Fällen hilfreich unterstützen. Wenn Sie mithilfe dieses Buches Naikan gegenüber ihrem Kind üben, empfehle ich Ihnen, folgendermaßen vorzugehen:

Erst in die Vergangenheit schauen

Ein guter Weg zu den Kindern führt über die eigenen Eltern – es ist durchaus hilfreich auch bei aktuellen »Brennpunkten« zuerst Naikan gegenüber den Eltern zu üben (siehe Kapitel zwei). Denn dadurch können Sie eventuelle Muster erkennen, die vielleicht schon seit Generationen in Ihrer Familie wirken. Außerdem hilft es Ihnen, zu erkennen, dass Sie von Ihren Eltern mehr bekommen haben, als Sie je zurückgeben können. Das wird Sie daran hindern, Ihr Kind zu verurteilen, weil Sie ihm mehr geben, als sie von ihm bekommen. Bestenfalls erfahren Sie beim Eltern-Naikan, dass das, was Ihre Eltern für Sie getan haben, sich mit dem, was Sie für Ihre Kinder tun, die Waage hält.

Beginnen Sie also mit dem Naikan gegenüber Ihren Eltern. Das kann einige Wochen dauern, doch möglicherweise stellen Sie schon in dieser Zeit Parallelen zum aktuellen Thema und Ihrem Kind fest, und die Dinge beginnen bereits in dieser Phase, sich zu verändern. Wenn Sie diese Aufgabe erledigt haben, sind Sie so weit, sich gegenüber Ihrem eigenen Kind zu prüfen.

Die Zeiteinheiten beim Naikan gegenüber dem Kind

Prüfen Sie sich täglich 30 bis 60 Minuten gegenüber Ihrem Kind. Ist es noch sehr klein, können Sie die Schwangerschaft als eigene Zeiteinheit betrachten und ihr die erste Naikan-Sitzung widmen. Am nächsten Tag betrachten Sie sich dann beispielsweise die ersten 3 bis 6 Monate. Am darauffolgenden Tag die nächsten 3 bis 6 Monate und so weiter. Diese Zeiteinteilung empfehle ich bei Kindern im Alter bis zu 6 Jahren.

Wenn Ihr Sprössling 18 bis 20 Jahre alt ist, also maximal am Ende der Pubertät, beginnen Sie mit der gesamten Vorschulzeit. Gehen Sie dann weiter in Zwei-Jahres-Schritten, also 6 bis 8, 8 bis 10, 10 bis 12,

12 bis 14 Jahre. Wir betrachten bei Kindern kürzere Zeiteinheiten als bei Erwachsenen, weil Kinder sehr viele Entwicklungsstadien durchlaufen, die wir so genauer durchleuchten können. Ab dem Auftreten einer Auffälligkeit nehmen Sie sich jeweils ein Jahr für eine Naikan-Sitzung vor, also zum Beispiel 14 bis 15, 15 bis 16 Jahre und so weiter. Sie können in diesem Fall auch auf Halbjahre oder gar Monate verkürzen. Bei bereits erwachsenen Kindern teilen Sie die Jahre bis zum Auftreten des zur Betrachtung stehenden Themas in Perioden von 3 bis 4 Jahren, nur die erste Zeiteinheit umfasst die circa 6-jährige Vorschulzeit. Ab Beginn des Problems können Sie, je nach Schwere und Dauer, die Zeiteinheiten wieder verkürzen. Diese Zeitangaben sind Empfehlungen, keine Anweisung. Es gilt, möglichst den Zeitpunkt des Auftretens eines Themas zu erkennen und die eigenen Handlungsweisen 1 bis 2 Jahre davor. Wichtig ist aber vor allem, diesen Zeitraum genau zu prüfen, um kein vielleicht wichtiges Detail zu übersehen.

Wenn es Ihnen nicht um ein bestimmtes Thema geht, sondern Sie Ihr Verhalten gegenüber dem Kind eher allgemein prüfen wollen, betrachten Sie nach dem Vorschulalter am besten gleichbleibende Zeiträume, die nie mehr als 3 bis 4 Jahre umfassen sollten. Diese Vorgehensweise behalten Sie auch dann bei, wenn Sie über einen längeren Zeitraum keinen Kontakt zu Ihrem Kind hatten. In diesem Fall können Sie die Betrachtungszeiträume aber auch auf bis zu 8 Jahre verlängern, mehr jedoch möglichst nicht.

Nachdem Sie sich 20 bis 50 Minuten gegenüber Ihrem Kind und einem bestimmten Zeitraum geprüft haben, schreiben Sie Ihre Ergebnisse den jeweiligen Fragen zugeordnet in Ihr Tagebuch. Um sich voll und ganz in die entsprechende Zeit versetzen und das Erlebte nachspüren zu können, ist es wichtig, sich diese Zeit für das Erinnern zu nehmen und erst dann zum Stift zu greifen!

Die drei Naikan-Fragen in Bezug auf Kinder

Machen Sie sich vor jeder Naikan-Übung bewusst, dass Sie sich selbst prüfen, nicht Ihr Kind! Gerade in Eltern-Kind-Beziehungen kann es vorkommen, dass Ihnen zur ersten Frage – Was hat mein Kind für mich getan? – nichts oder nur sehr wenig einfällt. Machen Sie das keinesfalls Ihrem Kind zum Vorwurf. Es liegt nicht an Ihrem Sohn oder Ihrer Tochter. Wenn Sie sich in einem solchen Fall intensiv mit der dritten Frage prüfen – Welche Schwierigkeiten habe ich meinem Kind bereitet? –, werden Sie erkennen, ob Sie ihm überhaupt die Möglichkeit gegeben haben, etwas für Sie zu tun. Eine Schwierigkeit, die wir unseren Kindern bereiten, ist beispielsweise das »Nichts-recht-machen-Können«. Egal wie das Kind versucht, seine Aufgabe zu erledigen, wir finden immer etwas auszusetzen. »Geht das etwas schneller?« »Hast du auch in den Ecken gefegt?« ... Vielleicht stellen Sie aber auch fest, dass Sie zu jenen Müttern und Vätern gehören, die alles für ihre Kinder tun, aber nichts annehmen, geschweige denn etwas einfordern können. Kinder wollen jedoch auch etwas von dem zurückgeben, was sie tagtäglich bekommen – wir müssen sie nur lassen.

Die erste Frage: Was hat mein Kind für mich getan?

Naturgemäß werden Sie zur ersten Naikan-Frage in Bezug auf die Schwangerschaft keine Antwort finden, einiges jedoch zur zweiten und dritten Frage. Ähnliches gilt für die ersten beiden Lebensjahre. Auch wenn es wunderschön ist und uns das Herz dabei aufgeht – das erste Lächeln eines Säuglings gilt nicht wirklich, denn es steckt nicht die Absicht dahinter, etwas für uns zu tun (siehe dazu auch den Abschnitt »Wer hat was für wen getan?« auf Seite 119). Anders verhält es sich mit dem ersten Regenwurm, den Ihr Kind Ihnen freudestrahlend als Geschenk entgegenhält, oder etwas später dann mit seinem Versuch, Ihnen beim Falten der Wäsche zu helfen. Auch bei Kindern gilt: Es muss Ihnen nicht unbedingt gefallen, was diese für Sie tun.

ES GEHT NICHT NUR UM DAS BESONDERE

Versuchen Sie hinsichtlich der ersten Frage vor allem, sich an die alltäglichen Kleinigkeiten zu erinnern, nicht nur an das Besondere – natürlich freuten Sie sich über den vom Vater gekauften Blumenstrauß, den Ihnen Ihr Kleiner zum Muttertag verschämt in die Hand drückte. Erinnern Sie sich aber auch an den schmutzigen Stein, den er Ihnen mit einem flüchtigen »für dich« auf das frisch bemehlte Backbrett legte. Oder an das lächelnde Männlein, das Ihr Töchterchen für Sie auf das eben gewaschene Auto malte, und den Abfalleimer, den es auf Ihre Bitte hin oder sogar freiwillig hinaustrug ... Nicht alles, was Ihr Kind für Sie getan hat, mag Sie erfreut haben. Es zählt aber die **gute Absicht**, nicht das Ergebnis!

Schreibt Ihr Kind in der Schule dann gute Noten, ist das normalerweise etwas, das es für sich tut. Auch wenn Sie sich darüber freuen, zählen gute Noten nicht zu den Dingen, die Kinder in der Regel für Sie tun. Voraussetzung dafür ist natürlich, dass es die guten Noten aus eigenem Antrieb und seinen Fähigkeiten gemäß erbringt. Arbeitet Ihr Kind aber mehr, als es müsste, weil Sie es unbedingt so wollen, ist das durchaus etwas, das Ihr Kind für Sie tut. In diesem Fall können Sie in Ihr Tagebuch schreiben: »Es hat fleißig gelernt und gute Noten nach Hause gebracht.« Bedenken Sie aber bitte, dass Sie Ihrem Kind damit auch Schwierigkeiten bereiten, und vergessen Sie nicht, dies bei der dritten Frage aufzuführen.

Die zweite Frage: Was habe ich für mein Kind getan?

Vielleicht haben Sie Ihrem Kind zuliebe das Rauchen aufgehört oder als werdende Mutter Ihren Speiseplan umgestellt, um sich möglichst gesund zu ernähren? Als werdender Vater waren Sie bei der Geburtsvorbereitung und später bei der Geburt dabei – das haben Sie nicht nur für Ihre Frau, sondern auch für Ihr Kind getan. Sie haben Ihr Kind ernährt, sauber gehalten, haben es in die Schule gebracht, das Pausebrot geschmiert, ihm die Klavierstunden bezahlt, es zum Unterricht gebracht und abgeholt, die Sporttrikots gewaschen, zerrissene Röckchen geflickt und Schrammen verpflastert ... Sicher waren Sie mit Ihrem Kind einmal beim Arzt. Auch wenn es ihm nicht gefallen hat – vielleicht hat es sogar eine Spritze bekommen oder der Zahnarzt musste bohren –, Sie haben es für die Gesundheit Ihres Kindes getan.

Bei der zweiten Frage ist nicht wichtig, ob Ihr Kind Spaß an dem hatte, was Sie getan haben, und ob es etwas Besonderes war. Es sind vor allem die alltäglichen Dinge, die wir für unsere Kinder tun, die wir auf unserem »Plus-Konto« verbuchen dürfen.

Die dritte Frage: Welche Schwierigkeiten habe ich meinem Kind bereitet?

Wenn Sie große Freude empfunden haben, als Sie von der Schwangerschaft erfuhren, hatten Sie und Ihr Kind auf alle Fälle schon mal den besten Start, und Sie haben Ihrem Kind keine Schwierigkeiten bereitet. Etwas anders sieht es aus, wenn Sie fassungslos, erschrocken, verzweifelt oder gar wütend gewesen sein sollten, wenn Sie etwa als künftiger Papa mit dem Gedanken spielten, es sei noch viel zu früh für Kinder, oder Ihrer Frau oder Freundin sogar einen Abbruch nahegelegt haben. Dann haben Sie nicht nur der werdenden Mutter, sondern auch Ihrem ungeborenen Kind Schwierigkeiten bereitet, denn es spürte Ihren Zwiespalt und die Verzweiflung der Mutter. Dasselbe gilt natürlich, wenn Sie als werdende Mutter mit der Schwangerschaft und dem Nachwuchs haderten.

Ist das Kind erst geboren, werden Sie ihm auf jeden Fall häufig Schwierigkeiten oder Umstände bereiten: etwa die lange Autofahrt in den Urlaub, die erste Zeit in Kindergarten und Schule, Ihre ängstliche, überfürsorgliche Art, ständige Nörgelei, häufiges Unterbrechen beim Spielen und so weiter. Aber Achtung: Nicht alles, was Ihrem Kind missfällt, ist eine Schwierigkeit im Sinne von Naikan. Bestimmte Grenzen und Gebote durchzusetzen ist durchaus notwendig. Erpresserisches Verhalten, etwa in dem Sie sagen »Wir tun doch alles für dich, dann kannst du wenigstens auch mal …«, gehört aber ebenso zur dritten Frage wie ständiges Androhen von Strafen, die dann nicht eintreten (denn das Kind könnte dabei lernen, dass Verstöße gegen Verbote keine Konsequenzen nach sich ziehen). Und wenn Sie Dinge von ihm erwarten, die Sie selbst nicht leisten, wird es sich ungerecht behandelt fühlen und sich einprägen, dass man sich als Erwachsener nicht an Regeln zu halten braucht. Alles, was wir von unseren Kindern verlangen, selbst aber nicht vorleben, wird unweigerlich ihren Widerstand wecken. Das heißt natürlich nicht, dass wir auch um acht ins Bett gehen müssen. Selbstverständlich gibt es genügend Beispiele, in denen wir anders handeln dürfen und müssen als unsere Kinder. Es gilt aber, sich dessen bewusst zu sein und entsprechend konsequent zu handeln. Wichtig bei der Prüfung mit der dritten Frage ist also, dass wir Kindern nicht nur dann Schwierigkeiten bereiten, wenn wir ihnen etwas verbieten. Sie nicht zu fordern, aufzufordern, etwas zu tun, ihnen nicht die Möglichkeit zu geben, einen sinnvollen Beitrag zum Zusammenleben zu leisten, sind Schwierigkeiten, deren wir uns oft nicht bewusst sind.

🌸 JE EHRLICHER DESTO BESSER

Es gibt unendlich viele Möglichkeiten, einem Kind Schwierigkeiten zu bereiten, und nicht alle lassen sich vermeiden, viele
gehören einfach zum Elternsein. Je ehrlicher Sie sich aber selbst
im Umgang mit Ihren Sprösslingen betrachten, desto sicherer
werden Sie eigene Schwächen oder Fehler erkennen. Sie können
sie dann akzeptieren lernen oder sich ändern. Damit werden
Sie ganz automatisch vieles, was Sie bei Ihrem Kind jetzt noch
aufregt, gelassener hinnehmen, oder Sie werden mit mehr Konse-
quenz und Humor Veränderungen anregen.

Klare Regeln statt widersprüchliches Verhalten

Nehmen wir an, Sie haben auf die dritte Frage folgende Antwort
gefunden: »Ich erwarte von meiner Tochter, dass sie ihre Schmutzwäsche immer umgehend wegräumt, obwohl ich meine manchmal
tagelang herumliegen lasse.« In diesem Fall haben Sie zwei Möglichkeiten. Entweder lassen Sie die Regel »keine Schmutzwäsche
herumliegen lassen« fallen, dann darf Ihre Tochter, was auch Sie
dürfen. Oder Sie disziplinieren sich zunächst selbst. Dann können
Sie das Aufräumen der Wäsche mit einer völlig neuen Sicherheit
von Ihrem Kind einfordern, und Sie werden die Kraft aufbringen,
es immer wieder zu erinnern, ohne ständig mit Strafen drohen zu
müssen.

Was aber, wenn Ihr Kind seine Wäsche im Haus verstreut, sein
Verhalten auch unter Druck nicht ändert, obwohl Sie immer mit
gutem Beispiel vorangehen? Lassen Sie es auf einen Machtkampf
ankommen? Wollen Sie sich um jeden Preis durchsetzen, und sind

Sie bereit, die nötige Energie dafür aufzubringen? Gab es schon ähnliche Auseinandersetzungen, und wie haben Sie dabei reagiert, wie den Konflikt gelöst? Ist er überhaupt gelöst, oder ist der »Wäsche-Konflikt« eine Fortsetzung oder gar Steigerung? Die Naikan-Übung kann Ihnen Klarheit zu diesen Fragen bringen. Erkennen Sie zum Beispiel, dass Sie bereits in ähnlichen Situationen durchaus dazu fähig waren, Ihr Kind über einen längeren Zeitraum zu fordern, können Sie leichter entscheiden, wie Sie sich im aktuellen Konflikt verhalten wollen. Durch die ersten beiden Fragen (dem Nehmen und Geben) erhalten Sie einen Überblick, wie viel Sie für Ihr Kind getan haben, was Ihnen bei der Durchsetzung Ihrer Forderung mehr Sicherheit geben kann. Beim Naikan gegenüber Ihren Eltern konnten Sie Ihr eigenes Verhalten im gleichen Alter prüfen. Möglicherweise vergeht Ihnen bei der Erinnerung an Ihr eigenes »Wäsche-Verhalten« die Kampfstimmung, und es fallen Ihnen kreativere Lösungsmöglichkeiten ein. (Beispielsweise Wäsche des Kindes, die im Wohnzimmer liegt, einfach mal aus dem Fenster zu werfen – aber bitte erst nach Vorankündigung. Bei meinem ältesten Sohn wirkte diese Aktion Wunder!) Bedenken Sie, dass Kinder erst ab einem gewissen Alter überhaupt fähig sind, eigenständig gewisse Hausarbeiten zu erledigen (mit etwa 13 bis 14 Jahren können Kinder oder Jugendliche ihre Wäsche selbst organisieren, wenn nötig, auch einmal selbst waschen). Sind Sie sich mithilfe der Naikan-Übung darüber klar geworden, wie Sie sich in der Wäschefrage durchsetzen wollen – mit Kampf oder Geduld – ,werden Sie keine Schwierigkeiten haben, klare Regeln aufzustellen, zum Beispiel: Jeden Freitag ist Wäschetag, da wird die frische Wäsche eingeräumt und die Schmutzwäsche sortiert und gewaschen.

Seien Sie nicht enttäuscht, wenn diese Vorgehensweise nicht gleich funktioniert. Neuerungen im alltäglichen Ablauf brauchen Zeit und Geduld – nehmen Sie es mit Humor, und versuchen Sie, die Regeln ohne großen Druck zu etablieren. Ganz allmählich werden sich Ihre Kinder Ihnen gegenüber anders verhalten, weil Sie sich ihnen gegenüber anders verhalten und zu einigen Dingen ein anderes Verhältnis entwickeln.

 ### ABSCHLIESSENDE TIPPS

Nachdem Sie das Naikan gegenüber Ihrem Kind über ein paar Tage praktiziert haben, empfehle ich Ihnen, die Seiten über das tägliche Naikan gegenüber Kindern in Kapitel eins zu lesen. Vieles, was dort gesagt wird, mag Ihnen Antworten auf Fragen geben, die während Ihrer Naikan-Übung aufgetaucht sind. Außerdem lohnt es sich, den Abschnitt »Stolpersteine und Fallstricke umgehen« in Kapitel zwei anzuschauen. Möglicherweise sind Sie bei der Beantwortung der einen oder anderen Frage in eine der vielen Fallen getappt, die uns unser Ego stellt. Danach nehmen Sie sich die bisher gefundenen Antworten noch einmal vor und streichen oder korrigieren sie, wenn nötig.

Naikan in Ehe und Partnerschaft

Ob wir nur herausfinden wollen, wie unsere Partnerbeziehung beschaffen ist und was wir vielleicht verbessern könnten, oder ob wir eine spezielles Anliegen haben – Naikan kann die Verbindung in jedem Fall bereichern und sogar bei Trennungssituationen helfen.

So fängt es an

Frisch Verliebte brauchen kein Naikan – zumindest nicht gegenüber dem Partner! Aber schon ab dem Zeitpunkt, an dem Sie feststellen, dass das Herzklopfen immer seltener wird und die Schmetterlinge im Bauch weniger flattern, könnten regelmäßige Naikan-Übungen gegenüber dem Partner von Vorteil sein. Schließlich geht es nun darum – zumindest gilt das für viele von uns –, den Zauber des Anfangs zu transformieren zu einem stabilen, tragfähigen Boden, auf dem eine lange und glückliche Beziehung fußen kann. Praktisch heißt das, ständig an sich zu arbeiten, um nicht in die Falle zu tappen, den anderen den eigenen Wünschen und Vorstellungen anpassen zu wollen, oder umgekehrt, sich selbst den Wünschen und Vorstellungen des Partners mehr oder weniger zu unterwerfen.

Übungen vor dem Partner-Naikan

Vermutlich sind Sie lieber Leser, liebe Leserin, aber gerade nicht in der Situation, frisch verliebt zu sein (und Naikan von Anfang in Ihr Leben mit einem Partner einzubauen). Wenn dieses Kapitel Sie interessiert, geht es wohl eher um eine langjährige Beziehung zum Lebensgefährten oder zur Ehefrau, um Probleme in dieser Beziehung, um Streitigkeiten, Gefühlsverlust oder gar um Seitensprung und Trennungsabsichten. Vielleicht wollen Sie aber einfach Ihre Partnerschaft unter einem neuen Blickwinkel betrachten und frischen Wind in die Beziehung bringen. In letzterem Fall können Sie auch auf das tägliche Naikan gegenüber dem Partner zurückgreifen (siehe Seite 32). Ansonsten empfehle ich Ihnen einige Vorübungen, bevor Sie mit dem an der klassischen Methode orientierten Naikan gegenüber dem Partner beginnen.

Aus meiner Erfahrung als Naikan-Begleiterin heraus kann ich Sie nur ermutigen, sich zunächst gegenüber den eigenen Eltern mithilfe der drei Naikan-Fragen zu prüfen (siehe Seite 84). Das hilft Ihnen, Familienmuster zu erkennen, die Sie möglicherweise in Ihrer Partnerschaft fortführen und die sich dort nachteilig auswirken! Diese Vorarbeit bedeutet keinesfalls verlorene Zeit! Denn es ist sehr gut möglich, dass sich Ihr Verhalten in der Partnerschaft, Ihr Verhältnis zum Partner und damit Ihre Beziehung bereits in dieser Naikan-Phase positiv verändern.

Ebenso hat es sich als hilfreich erwiesen, mithilfe von Naikan die Themen »Freundschaften« und »Liebesbeziehungen« zu bearbeiten. Denn sich selbst gegenüber engen Freunden beiderlei Geschlechts und früheren »Lovern« zu prüfen, kann Ihnen ebenfalls wichtige Hinweise für Ihr Verhalten (und die Probleme) in der aktuellen Partnerschaft liefern. Stellen Sie dabei beispielsweise fest, dass Sie dazu neigen, Ihre männlichen Freunde und Partner finanziell sehr zu belasten (»Ich bin immer auf die Toilette gegangen, wenn es ans Zahlen ging!«), werden Sie verändert auf entsprechende Vorwürfe Ihres jetzigen Partners reagieren. Und so manchem Mann wurde durch diese Übung erst bewusst, dass er jede seiner Geliebten mit anderen Frauen betrogen hatte.

Alte Freundschaften

Beginnen Sie mit Ihren Sandkastenfreunden, und überprüfen Sie Ihre Freundschaften bis zum heutigen Tag. Nehmen Sie sich täglich Einheiten von 3 bis 4 Jahren vor und erinnern Sie sich an alle wichtigen Freunde in dieser Zeit. Rufen Sie sich die Stimmung des jeweiligen Zeitabschnitts möglichst plastisch und deutlich in Erinnerung, und prüfen Sie sich mit den drei Naikan-Fragen:

1. Was haben die Freundinnen/Freunde in der Zeit für mich getan?
2. Was habe ich in der Zeit für die Freundinnen/Freunde getan?
3. Welche Schwierigkeiten habe ich den Freundinnen/Freunden in der Zeit bereitet?

Geben Sie sich 20 bis 50 Minuten nur der Erinnerung hin, und versuchen Sie, sich auch an die Namen zu erinnern. Erst dann schreiben Sie die Antworten in Ihr Tagebuch. Auf diese Weise erfahren Sie viel über Ihre Einstellung und Ihr Verhalten Freunden gegenüber und erkennen möglicherweise auch schon einen roten Faden in Form von immer wiederkehrenden Schwierigkeiten, die Sie in Freundschaften bereiten. Diese Schwierigkeiten finden Sie unter Umständen als Vorwurf in Ihrer Partnerschaft wieder: »Immer wieder warf mir mein Mann vor, er müsste ständig unsere Freizeit planen, ich würde dazu nie etwas beitragen«, sagte einmal eine Seminarteilnehmerin. Als sie sich beim Naikan an den Ausspruch einer langjährigen Freundin erinnerte: »Du überlässt die Planung unserer Ausflüge immer mir!«, war der Aha-Effekt sehr groß!

Verflossene Liebschaften

Betrachten Sie jede einzelne Liebesbeziehung, auch wenn es nur eine kurze Beziehung oder ein »One-Night-Stand« war, anhand der drei Fragen.

1. Was hat mein damaliger Partner/meine Partnerin für mich getan?
2. Was habe ich für meinen damaligen Partner/meine Partnerin getan?
3. Welche Schwierigkeiten habe ich meinem damaligen Partner/ meiner Partnerin bereitet?

Je nach Dauer der Beziehung teilen Sie die Zeiträume in gut überschaubare, nicht zu lange Perioden ein und gehen diese Zeit-abschnitte Tag für Tag durch. Waren Sie zum Beispiel 2 Jahre mit jemandem zusammen, können Sie die Beziehung an einem Tag betrachten. Bei 7 Jahren würde ich die Zeit in drei Phasen einteilen: Das Kennenlernen und die erste Zeit des Verliebtseins, die Alltags-phase und die Zeit, in der sich die kommende Trennung andeutete, bis zur Trennung selbst. War die Beziehung noch länger, unterteilen Sie die Alltagsphase in Einheiten von 3 bis 4 Jahren. Schreiben Sie nach jeweils 20 bis 50 Minuten der Kontemplation (siehe Seite 24) die Antworten zu den Fragen in Ihr Tagebuch.

Naikan gegenüber dem Partner oder der Partnerin

Wenn Sie die Vorübungen gemacht haben, können Sie sich nun dem eigentlichen Partner-Naikan widmen. Sie gehen in der mittlerweile gewohnten Weise vor: Nehmen Sie sich jeden Tag 30 bis 60 Minuten Zeit, um jeweils einen Zeitabschnitt anhand der drei Naikan-Fragen zu prüfen. Sind Sie länger als 3 bis 4 Jahre mit Ihrem Partner zusammen, empfehle ich Ihnen, die Zeit des Kennenlernens und Verliebtseins als eine Phase zu bearbeiten und die folgende Zeit in Betrachtungszeiträume von 3 bis 4 Jahren aufzuteilen. War eine Periode besonders ereignisreich, oder möchten Sie eine bestimmte Zeit genauer durchleuchten, steht es Ihnen jederzeit frei, kürzere Zeiteinheiten zu nehmen. Ist Ihre Beziehung noch jünger, können Sie einzelne Phasen auch monateweise prüfen. Bedenken Sie: Je kürzer die Betrachtungszeiträume, umso mehr Details kommen in Erinnerung. Wenn es um ein bestimmtes Thema geht, verkürzen Sie die Zeitabschnitte ab dem Moment, in dem das Thema aufgetaucht ist. Machen Sie sich immer wieder bewusst, dass Sie sich selbst prüfen, nicht den Partner! Achten Sie auch darauf, nicht in die »vierte Frage« abzugleiten und sich in Vorwürfen gegenüber dem Partner zu verlieren. Gedankliche Schuldzuweisungen oder Anklagen sind kontraproduktiv auch oder gerade in Konfliktsituationen.

Nach circa 20 bis 50 Minuten der Kontemplation schreiben Sie die Antworten den Fragen zugeordnet wieder in Ihr Tagebuch. Wundern Sie sich nicht, wenn die Problematik, um die es geht, anfängt, sich zu verändern, auch wenn Sie noch nicht mit allen Zeitabschnitten durch sind. Denn Ihre Sichtweise ändert sich schon mit der ersten Übung!

 WELCHE ROLLE SPIELEN SIE?

Fällt Ihnen auf, dass Sie im Partner-Naikan jeweils nichts oder nur sehr wenig zur ersten Frage finden (Was hat mein Partner für mich getan?), sollten Sie sich mehr Zeit (mindestens 60 Prozent) für die dritte Frage nehmen (Welche Schwierigkeiten habe ich meinem Partner bereitet?). Möglicherweise geben Sie ihm oder ihr überhaupt keine Möglichkeit, etwas für Sie zu tun. Vielleicht gehören Sie zu jenen Menschen, die in einer Beziehung schnell die Mutter- oder Vaterrolle für den Partner übernehmen und ihm gar nicht die Chance lassen, einen Ausgleich zu schaffen? Wenn Sie ehrlich zu sich selbst sind, werden Sie Ihr Verhalten und Ihre Stellung in der Partnerschaft durch Naikan deutlich erkennen können.

Die erste Frage: Was hat mein Partner für mich getan?

Da Sie mit dem Tag beginnen, an dem Sie Ihren Partner kennenlernten, haben Sie nun die Chance, sich mit der ersten Frage den Zauber des Anfangs zurückzuholen! Diese erste Zeit ist oft die schönste in einer Partnerschaft, weil noch alles neu und frisch ist. Sie kennen ihn noch nicht so genau, können sich noch stundenlang Geschichten aus seinem Leben anhören, mit ihm diskutieren oder ihn einfach nur ansehen – ohne müde zu werden. Lassen Sie diese ersten Monate oder Jahre noch einmal Revue passieren, und genießen Sie die Empfindungen, die dabei wieder lebendig werden! Schauen Sie aber trotzdem vor allem auf die realen Dinge, die Ihr Freund oder Ihre Freundin damals für Sie getan hat.

WAS IST TATSÄCHLICH PASSIERT?

»Er hat mir Sicherheit gegeben, weil er mich so begehrt hat!« oder »Sein Lächeln war einfach atemberaubend und hat mich sehr glücklich gemacht!« sind Aussagen aus Ihrer Gefühlswelt und damit sehr subjektiv. Es war möglicherweise gar nicht die Absicht Ihres Partners, Ihnen Sicherheit zu geben oder Sie glücklich zu machen, er wollte Sie vielleicht einfach nur »rumkriegen«. Bleiben Sie also bei den Tatsachen – nur darum geht es im Naikan: Hat er zum Beispiel ein leckeres Essen für Sie gekocht, Ihnen Blumen geschenkt, Ihre Wäsche gewaschen, das Auto repariert, Sie ins Kino, zum Essen oder ins Konzert eingeladen? Ist sie Hunderte von Kilometern gefahren, um Sie zu sehen, oder hat Ihnen Wadenwickel gemacht, als Sie Fieber hatten? Das sind die Dinge, um die es beim Partner-Naikan in der ersten Prüfungsphase geht.

Wichtig ist dabei, nicht nur das Besondere zu suchen! Wäscht er zum Beispiel regelmäßig ihr Auto, ist das für sie vielleicht weniger spannend, als wenn er ihr Blumen mitbringt. Begleitet sie ihn zum Zahnarzt, um ihm die Nervosität zu nehmen, vergisst er das gerne. Das Madonna-Konzert, zu dem sie ihn eingeladen hatte, bleibt da schon eher in Erinnerung. Stellen Sie sich vor, Ihr Mann vereinbart für Sie einen Termin beim Arzt, weil Sie gerade keine Zeit haben.

Das mag selbstverständlich sein, aber es ist etwas, das er für Sie getan hat: Er hat die Nummer herausgesucht, gewählt, mit der Sprechstundenhilfe gesprochen, kurz: Er hat sich die Zeit genommen, etwas für Sie zu tun!

Wir bewerten, was jemand für uns tut, nach schön, gut, hat mir sehr gefallen – oder nicht schön, nicht gut, hat mir nicht gefallen, ist doch selbstverständlich. Das ist schade, denn dadurch entgeht uns die Fülle aller Dinge, die wir tagtäglich erhalten! Es geht also nicht unbedingt darum, ob Ihnen etwas gefallen hat. Allein die »gute« Absicht und Durchführung genügen schon, dass Ihr Partner im Sinne von Naikan etwas für Sie getan hat.

Die zweite Frage: Was habe ich für meinen Partner getan?

Hier gilt wie schon für die erste Frage: Bleiben Sie bei den »belegbaren« Tatsachen, bei den Dingen, die Sie wirklich für ihn oder sie getan haben. Der Mutter Ihres Partners Blumen oder dem Vater teure Zigarren mitzubringen ist beispielsweise nichts, was Sie für Ihren Partner getan haben! Natürlich haben Sie es ihm zuliebe getan. Aber was Sie wollten, war, einen guten Eindruck zu machen und von den Eltern akzeptiert und geliebt zu werden. Hat er Sie allerdings gebeten, den Eltern Geschenke mitzubringen, wäre es durchaus eine Antwort auf die zweite Frage.

»Ich habe ihm meine ganze Liebe geschenkt!« ist eine wunderbare Aussage, aber für Naikan zu wenig konkret. Liebe schenken zu können, egal wem, ist eher ein Geschenk an uns selbst. Freuen Sie sich darüber, dass Sie fähig sind zu lieben, lassen Sie das aber nicht auf Ihrem Geber-Konto erscheinen. Wenn Sie jemanden lieben, zeigen Sie das mit kleinen Gefälligkeiten, Geschenken und Diensten. Das sind die Tatsachen, nach denen wir im Naikan suchen.

Auch wenn es langweilig klingt, zu sagen »Ich habe ihm Hemden gebügelt, Kartoffelsalat zubereitet ...« oder »Ich habe ihr Auto gewaschen, Betten gemacht ...«, sind das doch die Dinge, die unser tägliches Miteinander ausmachen. Natürlich ist es schön, wenn Sie dazwischen auch einmal etwas Außergewöhnliches aufführen können, wie zum Beispiel: »Ich habe ihm Konzertkarten geschenkt.« Oder »Ich habe sie zum Essen ausgeführt.«

Die dritte Frage: Welche Schwierigkeiten habe ich meinem Partner bereitet?

Diese Frage stellt uns vor die größte Herausforderung, denn sie verlangt, uns mit den Augen des anderen zu sehen. Nehmen wir an, Sie finden es ganz toll, Ihren Mann oder Ihre Lebensgefährtin öfter mal mit Kurzreisen, Gästen oder Einladungen zu überraschen, doch die Reaktion fällt nicht immer so freudig aus, wie Sie das erwarten. Das kann daran liegen, dass Sie mit Ihren Überraschungen dem anderen eher Unannehmlichkeiten bereiten, weil er sich die Zeit für die Reise mühsam erkämpfen muss oder für Gastbewirtung gar nichts übrig hat. Und möglicherweise haben Sie es ja eigentlich eher für sich getan, weil Sie gerne spontan wegfahren oder Leute treffen?

Auch wenn wir ihm oder ihr zuliebe etwas auf uns nehmen, das uns nicht wirklich gefällt, können wir Schwierigkeiten bereiten. Vor allem wenn es öfter vorkommt, werden Sie irgendwann unweigerlich explodieren. Ein sich daraus ergebender Streit gehört zu den Schwierigkeiten, die wir machen. Das zu erkennen ist Sinn der dritten Naikan-Frage. In Zukunft können Sie anders handeln. Ein Beispiel dazu:

Sie fahren nicht gerne Auto und überlassen es einfach dem Partner. Müssen Sie dann einmal fahren, weil er vielleicht etwas getrunken hat oder müde ist, sagen Sie deutlich, dass Sie es ihm zuliebe tun, und verbitten Sie sich gleich jeglichen Kommentar zu Ihrer Fahrweise. Sind Sie in diesem Sinne konsequent, wird es in der Beziehung seltener deswegen zum Streit kommen.

 ### HILFESTELLUNG VOM PARTNER

Fällt Ihnen zur dritten Frage in einem bestimmten Zeitraum nichts ein (was gar nicht selten vorkommt), können Sie gewisse Aussagen des anderen zu Hilfe nehmen. »Du machst eh immer, was du willst«, könnte beispielsweise darauf hinweisen, dass Sie dazu neigen, Ihren Willen durchzusetzen (siehe Seite 62 und 80). Wenn Sie ehrlich zu sich selbst sind, werden Sie erkennen, dass in solchen Aussagen die Schwierigkeit steckt, die Sie dem anderen bereitet haben.

Es geht bei der dritten Frage auf keinen Fall darum, sich so weit zu ändern, dass Ihr Partner nichts mehr an Ihnen auszusetzen hat – das funktioniert sowieso nicht. Wenn wir uns aber selbst – und das können wir sehr gut mithilfe von Naikan – besser kennenlernen, können wir mit unseren Eigenarten auch bewusster umgehen. Haben Sie sich beispielsweise selbst einmal eingestanden, dass Sie im Grunde überhaupt nicht gerne Auto fahren, chinesisches Essen nicht mögen oder keinen Spaß an Sport haben, können Sie das dem anderen gegenüber auch selbstbewusst vertreten, ohne sich immer gleich dafür entschuldigen zu müssen. Und so geht es mit den meisten Dingen, die wir uns selbst nicht ein- und zugestehen wollen. Selbsterkenntnis erleichtert das Leben ungemein!

STELLEN SIE AUGENHÖHE HER!

Gerade bei Partnerkonflikten fällt es uns sehr schwer, die dritte Frage zu beantworten und das anzuschauen, was wir dem anderen für Schwierigkeiten gemacht haben. Weil wir gekränkt sind, denken wir ganz schnell, er oder sie sollte sich mal anschauen, was er oder sie uns für Schwierigkeiten bereitet! Vorsicht: Damit begeben Sie sich in die Opferrolle. Sie erwarten indirekt, dass Ihr Mann/Ihre Frau sich ändert. – Während Sie so bleiben wollen, wie Sie sind? Das geht aber nun mal nicht, denn ändern kann jeder nur sich selbst.

Vielleicht müssen Sie sich ja auch gar nicht stark verändern. Oft hilft es schon, die eigenen Eigenheiten und Schwächen zu erkennen und anzunehmen, um auch die Eigenheiten des Partners besser akzeptieren zu können. Das entschärft so manchen Konfliktpunkt und stellt Augenhöhe her. Die Täter-Opfer-Beziehung ist passé.

Thema Seitensprung

Wenn Sie soeben erfahren haben, dass Ihr Partner oder Ihre Frau Sie betrügt oder fremdgegangen ist, können Sie dieses Buch erst einmal zur Seite legen. Naikan ohne professionelle Unterstützung kann jetzt nicht gelingen, weil Sie viel zu verwirrt, wütend, verletzt und emotional sind, um einen klaren Gedanken zu fassen. Es wird Ihnen im Moment nicht möglich sein, die nötige Objektivität über die lange Zeit aufzubringen, die Sie brauchen, um Naikan selbst zu üben und die Erkenntnisse wirken zu lassen.

ZIEHEN SIE EINE NAIKAN-WOCHE IN ERWÄGUNG

Es gehört sehr viel Übung im Umgang mit den drei Fragen dazu, um sie in Extremsituationen wie einem Seitensprung ehrlich und diszipliniert anwenden zu können. Wenn Sie bemerken, dass Sie alleine nicht klarkommen, sollten Sie die Übungen unter Anleitung eines erfahrenen Naikan-Leiters machen. Entsprechende Adressen finden Sie auf Seite 188.

Den ersten Zorn ausleben

An dieser Stelle kann ich Ihnen nur dringend raten, die erste Wut, Enttäuschung und Verzweiflung bei einer guten Freundin oder einem guten Freund oder auch in einer Selbsthilfegruppe auszuleben. Vertrauen Sie sich jemandem an, denn es hilft ungemein, in solch einer Situation nicht allein sein zu müssen! Wenn Ihnen danach ist, dürfen Sie auch Teller und Tassen an die Wand werfen oder Ihren Zorn hinausschreien (auch wenn niemand da ist, der zuhört – allein das Schreien erleichtert ungemein), prügeln Sie Ihr Kopfkissen, weinen Sie sich richtig aus, und bemitleiden Sie sich gehörig! Erst wenn der erste, heiße Zorn etwas verraucht oder die Kältestarre etwas aufgetaut ist, können Sie mithilfe der Methode Naikan Klarheit in Ihre Gedanken und Gefühle bringen.

Ist die Trennung noch nicht erfolgt, kann die Auseinandersetzung mit den drei Fragen möglicherweise sogar zu einer erfolgreichen Fortsetzung der Partnerschaft führen. Denn Sie sehen sie nun mit anderen Augen, und das kann viel Positives bewirken. Auf alle Fälle kann Naikan Ihnen helfen, wieder Zuversicht und Vertrauen für die Zukunft aufzubauen und den Partner trotz allem als Menschen zu respektieren und zu behandeln, auch wenn es zur Trennung kommt. Besonders wenn gemeinsame Kinder da sind, sollte das für alle Beteiligten das wichtigste Ziel sein.

So gehen Sie vor

Auch beim Thema Seitensprung sollten Sie die Naikan-Übung mit Ihren eigenen Eltern beginnen (siehe Seite 84–107). Ich rate Ihnen sogar, sich auch Ihre Freundschaften und Liebesbeziehungen (siehe Seite 150–152) anzuschauen, bevor Sie sich Ihrer aktuellen Partnerschaft widmen. Das ist wichtig – auch wenn der Seitensprung unter den Nägeln brennt –, weil Sie sich so besser selbst kennenlernen, als wenn Sie sich gleich gegenüber ihrem Partner prüfen.

Sind Sie dann vorbereitet, sich der aktuellen Partnerschaft zu widmen, ist wieder die Einteilung der Zeiträume wichtig. Ich empfehle Ihnen, die Phase des Kennenlernens und der ersten Verliebtheit möglichst genau zu betrachten, also je nach Dauer dieses Abschnitts in Monats-, maximal Jahresperioden. Umfasste dieser Zeitraum beispielsweise 1 bis 2 Jahre, teilen Sie ihn in Abschnitte von 3 bis 6 Monaten ein. Genauso verfahren Sie mit der Zeit, bevor Sie die Untreue entdeckt haben. Waren Sie mehr als 4 Jahre liiert, können Sie diesen Zeitraum in Etappen von 2 bis 4 Jahren einteilen; war die Zeit kürzer, verkürzen Sie auf jährliche Abschnitte. Ab dem Zeitpunkt, zu dem Sie von der Untreue erfuhren, sollten Sie wieder möglichst genau hinschauen, das heißt, Sie wählen wieder möglichst kleine Zeiteinheiten. Wissen Sie zum Beispiel, dass Ihr Partner seit mehreren Jahren eine Freundin hat, prüfen Sie sich für jedes einzelne Jahr, sind es mehrere Monate, prüfen Sie sich monatsweise. Wie immer sollten Sie besonderes Augenmerk auf die dritte Frage legen: Welche Schwierigkeiten habe ich meinem Partner/meiner Partnerin in diesem Zeitraum bereitet? Dabei geht es nicht darum, die »Schuld« an dem Seitensprung oder an einem außerpartnerschaftlichen Verhältnis bei sich selbst zu suchen! Aber zu erkennen, dass auch Sie in der Partnerschaft nicht immer »einfach« waren und Ihrem Partner Verletzungen zugefügt haben, dass Sie Umstände und Schwierigkeiten bereitet haben. Das sollte zusammen mit den Erkenntnissen aus den ersten beiden Fragen – das, was sie oder er für Sie getan hat und umgekehrt, Sie für ihn oder sie – einiges an Verbitterung und Schmerz lindern oder zumindest in eine realistischere Relation rücken.

Naikan und typische Beziehungsthemen

Üblicherweise werden bestimmte Themen in der ersten Zeit des Zusammenseins einfach ausgelassen. Wir sprechen lieber nicht darüber, was sie im Haushalt von ihm erwartet, ob er bei der Erziehung der Kinder mithelfen will, ob sie für die Kinder wirklich den Beruf aufgeben und zu Hause bleiben möchte und so weiter. Darüber muss man nicht reden, das ergibt sich doch von ganz alleine, und es wird schon so werden, wie ich mir das vorstelle – das entspricht aber meist nicht den Tatsachen. »Das kriege ich schon hin!« denken viele bei sich. Doch heutige Scheidungsraten wie auch die häufigen Konsultationen von Therapeuten und Paartherapeuten zeigen, dass das mit dem »Hinkriegen« nicht immer funktioniert. Die wenigsten guten Vorsätze überleben den Alltag. Wie aber können wir Abhilfe schaffen?

Es würde den Rahmen dieses Buches sprengen, aufzuschlüsseln, woran die meisten Ehen oder Paarbeziehungen scheitern. Dazu existieren bereits viele kluge Bücher. Es gibt allerdings einige Muster, die in den allermeisten Fällen erkennbar sind und an denen wir arbeiten können.

Kritik vom Partner – was steckt dahinter?

Wenn Ihre Frau oder Ihr Lebensgefährte Sie immer häufiger kritisiert, ist das ein Zeichen von Unzufriedenheit, die nicht zwangsweise mit Ihnen zu tun haben muss. Dennoch sollten Sie die Kritik ernst nehmen. Hören Sie Ihrem Partner zu und versuchen Sie, sich nicht immer gleich zu verteidigen. Überlegen Sie zuerst, was an der Aussage wahr ist, und entscheiden Sie erst dann, wie Sie reagieren wollen. Das ist natürlich leichter gesagt als getan, aber man kann daran arbeiten, es als Möglichkeit zur Selbstentwicklung sehen. Wenn Sie regelmäßig Naikan üben, haben Sie gute Chancen, »kritische« Situationen zu entschärfen.

Kritik muss aber nicht nur Ausdruck der Unzufriedenheit des Partners sein, oft steckt doch das berühmte Körnchen Wahrheit darin, auch wenn der Ton vielleicht nicht angemessen ist. Kein »Aber ...« bitte – eine wirklich gute Freundin oder ein sehr guter Freund, würde die Aussage Ihres Partners (sicher in etwas abgeschwächter Form) in den allermeisten Fällen bestätigen! Lehnen Sie also die Kritik Ihres Partners nicht einfach rundheraus ab. Sie kann Ihnen helfen, die Naikan-Fragen ehrlich zu beantworten. Lesen Sie dazu auch Seite 62 zum Thema »Spiegelgesetz« sowie Seite 80/81, »Sich im anderen wiedererkennen«.

Allgemeine Unzufriedenheit

»Ich bin mit der Gesamtsituation unzufrieden!« Diese Aussage könnte auf fast jede Beziehung mehr oder weniger zutreffen. Was aber heißt das? Was ist eigentlich die »Gesamtsituation«, mit der ich unzufrieden bin?

Naikan kann hier helfen, herauszufinden, was hinter der allgemeinen Unzufriedenheit steckt: Ist es wirklich seine Art, alles überall liegen und stehen zu lassen, die mich heute so aufregt? Aber

//

Immens profitiert

Die Beziehung zu meinem Mann hat von Naikan immens profitiert. In der Prüfung ihm gegenüber entdeckte ich die tiefe, tiefe Liebe, die ich für ihn empfinde – nach wie vor!

Paulina R.

//

ich wusste doch von Anfang an, dass er schlampig ist. Es ist also vielleicht meine Ungeduld, die sich dahinter verbirgt, die Tatsache, dass ich ihn seine Sachen gar nicht selbst wegräumen lasse, weil das nun mal etwas länger dauert. Und sind es wirklich die ständigen Überstunden, die mir auf die Nerven gehen, oder weiß ich schlicht mit meiner Zeit zu wenig anzufangen und bin nicht ausgelastet? Und bin ich vielleicht einfach nur neidisch, weil er sich auch mal die Zeit für seinen Sport oder andere Hobbys nimmt, was ich mir nicht gönne kann, weil ich ja schließlich Haushalt und Kinder versorgen muss? Der Perspektivwechsel, den Naikan ermöglicht, kann hier interessante Erkenntnisse bringen.

Naikan im Berufsleben

Wie gut oder schlecht wir im Beruf und mit Arbeiten jeglicher Art zurechtkommen, hängt viel von unserer Einstellung zu Leistung und Belohnung ab. Mit Naikan können wir Mechanismen, die uns das Arbeitsleben erschweren, erkennen und auflösen.

Naikan gegenüber der Arbeitseinstellung

Arbeit ist das halbe Leben – sagt der Volksmund. Für manche Menschen umfasst die Arbeit sogar einen noch größeren Anteil der Lebenszeit. Deshalb ist dieses Thema mindestens genauso wichtig wie unsere Familie und unsere Beziehungen. Vielleicht sind Sie ja im Großen und Ganzen zufrieden mit Ihrer beruflichen Situation – von ein paar Dingen mal abgesehen: Zeitdruck zum Monatsende hin, eine Kollegin, die mit ihrer Wesensart immer wieder nervt,

ein Chef, der hin und wieder schreit. In diesem Fall empfehle ich
Ihnen das tägliche Naikan (siehe Seite 27–38) gegenüber dem Thema Arbeit oder gegenüber der betreffenden Person. Wenn Sie aber
mit den Arbeitsbedingungen ernsthaft hadern, wenn Ihnen der
Arbeitsplatz zu langweilig oder zu stressig ist, wenn Sie häufig den
Arbeitsplatz wechseln oder wenn Sie sogar Ihren Beruf infrage stellen, können Sie mit einigen Blicken in die Vergangenheit vielleicht
herausfinden, woran das liegen mag, und damit Veränderungen
einleiten.

Die drei Fragen zum Thema Arbeit

Was hat die Arbeit im Zeitraum x für mich getan?: Jede Tätigkeit
(auch der kleinste Handlangerdienst) tut etwas für uns – ob sie uns
etwas lehrt, Anerkennung, Zuneigung und Bewunderung einbringt,
das Gefühl vermittelt, gebraucht zu werden, wichtig zu sein, oder uns
materielle Vorteile (Gehalt, Honorar oder Tauschwaren) verschafft.

Was habe ich im Zeitraum x für die Arbeit getan?: Achten Sie
hier besonders darauf, ob Sie sich von Beginn an mehr als erforder-
lich eingesetzt haben, wie es mit Ihrer Zuverlässigkeit, Pünktlich-
keit, Teamfähigkeit und so weiter bestellt war, also mit Verhaltensweisen, die heute mit sogenannten »Schlüsselqualifikationen« in
Zusammenhang stehen.

**Welche Schwierigkeiten habe ich (in) der Arbeit bereitet? Wem
habe ich durch die Arbeit Schwierigkeiten bereitet?**
Unpünktlichkeit, mangelnder Eifer oder fachliche Fehler fallen in die erste Variante der Frage, ebenso häufige Krankheiten,
ausgedehnte Pausen und Ähnliches. Interessant ist aber auch die
Betrachtung der zweiten Variante. So können wir zum Beispiel
Kollegen, Kolleginnen oder auch Vorgesetzten Schwierigkeiten
bereiten, wenn wir eifriger, kreativer, rücksichtsloser sind als sie.

Arbeiten wir länger als vorgesehen, leiden außerdem unsere Familie und unsere Freunde.

Sie werden feststellen, dass Sie auch beim Thema Arbeit Schwierigkeiten nicht umgehen können. Wie immer geht es bei dieser Frage nicht um gut oder schlecht, richtig oder falsch. Es geht allein darum, festzustellen, wie sich Ihre Arbeitsmoral im Laufe der Zeit entwickelt oder verändert hat.

Beginnen Sie im Kindergarten

Das mag paradox klingen, aber auch mit diesem Thema beginnen Sie in der Vorschulzeit, Sie betrachten sich also Ihr Alter von 0 bis 6 Jahren. Überlegen Sie, welche Aufgaben Sie in dieser Zeit übertragen bekommen haben, und prüfen Sie sich diesen Aufgaben gegenüber mit den drei Fragen. Kinderkrippe und Kindergarten behandeln Sie als »Arbeitsplatz«. Auch wenn die Erinnerung nicht mehr so lebendig ist, kann eine vorhandene Tendenz erkennbar werden, etwa dass Sie schon in diesen jungen Jahren Aufgaben mit großem Eifer ausführten. Prüfen Sie sich also wie gewohnt, und schreiben Sie anschließend zu jeder Frage auf, was Ihnen dazu eingefallen ist. Es ist auch bei diesem Thema wichtig, vorher zu prüfen, zu spüren, den Fragen zuzuordnen und erst nach 20 bis 50 Minuten zu schreiben. Am nächsten Tag betrachten Sie die Grundschulzeit. Hier war sicher die Schule beziehungsweise das Lernen Ihre Hauptaufgabe. Vielleicht hatten Sie aber auch schon feste Arbeiten im Haushalt zu verrichten oder sonstige Aufgaben, die Ihnen von verschiedenen Personen übertragen wurden. Betrachten Sie Ihr ganzes Leben in gleichmäßigen Abschnitten von 3 bis 4 Jahren bis zum heutigen Tag. Wenn Sie nicht mehr erwerbstätig sind, prüfen Sie sich in Bezug auf häusliche Tätigkeiten oder sonstige Arbeiten, die Sie seit dem Ausscheiden aus dem Berufsleben verrichtet haben.

● BEISPIEL FÜR EIN NAIKAN GEGENÜBER DER ARBEITSEINSTELLUNG

Arbeit (Vorschulzeit), 0 bis 6 Jahre, 15.08.2011

1. Ich habe gelernt, eine Laterne zu basteln. Ich habe einen Lebkuchen bekommen. Ich durfte mir einen Negerkuss kaufen, weil ich Semmeln geholt habe.
2. Ich habe beim Martinszug aufmerksam mitgemacht. Ich habe meine Brotzeit geteilt. Ich habe für alle Semmeln geholt.
3. Ich habe mich vorgedrängt und war vorlaut. Ich habe mir das Nasenbein gebrochen, und meine Kindergärtnerin musste mich ins Krankenhaus bringen. Ich habe mir eine Breze gekauft statt Semmeln für alle.

Arbeit (Grundschulzeit), 6 bis 10 Jahre, 16.08.2011

1. In der Schule habe ich schreiben und lesen gelernt. Ich habe über meinen Heimatort vieles erfahren. Ich habe Anerkennung für gute Leistungen erhalten. Ich habe heißen Kakao fürs Milchholen bekommen.
2. Ich bin zur Schule gegangen. Ich bin eigenständig in den Sportverein gegangen und habe meine Freizeit dafür verwendet. Ich bin täglich Milch holen gegangen.
3. Ich habe einer Mitschülerin 2 DM geklaut. Einer anderen Mitschülerin habe ich das Poesiealbum gestohlen. Einmal ist mir die Milchkanne runtergefallen.

(Fortsetzung siehe Seite 168)

Arbeit (Schule), 10 bis 14 Jahre, 17.08.2011

...

Arbeit (Schule, Ausbildung), 14 bis 18 Jahre, 18.08.2011

...

Arbeit (Ausbildung, Firma X), 18 bis 22 Jahre. 19.08.2011

...

Arbeit (Firma Y), 22 bis 26 Jahre, 20.08.2011

...

Arbeit (Firma Y), 26 bis 30 Jahre, 21.08.2011:

1. Ich habe Gehalt bekommen und eine Weihnachtsgratifikation. Mein Vorgesetzter hat mich gelobt. Meine Kollegin hat mich auf einen Fehler hingewiesen. Ich wurde von Kunden zu einer Weihnachtsfeier eingeladen. Mir wurden immer anspruchsvollere Aufgaben übertragen. Ich bekam ein Jahr nach meinem Firmeneintritt eine Gehaltserhöhung.

2. Ich habe am Wochenende einen wichtigen Bericht fertig gemacht. Ich bin auf Wunsch meines Vorgesetzten länger geblieben. Ich habe mir die Klagen meines Kollegen angehört. Ich war loyal, auch wenn ich nicht immer mit den Regeln einverstanden war. Ich bin für die Firma nach Tokio gereist.

3. Ich habe vergessen, einen Bericht rechtzeitig abzuschicken. Ich habe in einem Kundenschreiben wichtige Daten falsch getippt. Ich ging nicht mit auf die Geburtstagsparty eines Freundes, weil ich am Wochenende einen Bericht für die Arbeit fertig gemacht habe. Ich habe die Abwesenheit meines Kollegen genutzt, mich beim Chef unersetzlich zu machen. Ich habe vergessen, zu Hause Bescheid zu geben, dass ich länger arbeite.

Den roten Faden erkennen

Nach der Auseinandersetzung mit dem Thema Arbeitseinstellung haben Sie sehr wahrscheinlich etwas gefunden, das sich durch all die Jahre zog, den berühmten »roten Faden«. Ein Teilnehmer einer Naikan-Woche erkannte beispielsweise, dass er dazu neigte, seine Kollegen »in Grund und Boden zu reden«. Dadurch hatte er an jeder Arbeitsstelle einen oder mehrere andere Mitarbeiter gegen sich aufgebracht, woraufhin er immer wieder kündigte und sich eine neue Stelle suchte. Auch am neuen Arbeitsplatz, der ihm außerordentlich gut gefiel, hatte er bereits mehrfach Streit mit einer Kollegin, wollte dieses Mal aber nicht wieder kündigen. Daher kam er ins Naikan. Als ihm bewusst wurde, dass viele der Konflikte mit seiner Art der Kommunikation zusammenhingen, konnte er an sich arbeiten und blieb in der Firma. Einige Teilnehmer erkennen auch, dass sie sich über Gebühr für ihre Aufgabe engagieren und damit ihre Gesundheit gefährden.

Burn-out-Syndrom im Naikan überwinden

Immer häufiger kommt es heute vor, dass Menschen im Zusammenhang mit ihrer Arbeit richtiggehend krank werden. Zunächst stellen sich kurzzeitige Erkrankungen oder Störungen ein – häufige Grippe, Schmerzen ungeklärter Herkunft, Panikattacken –, bis es schließlich zu einem ausgeprägten Erschöpfungszustand, zum Burn-out-Syndrom kommt.

Unter dem Begriff Burn-out (aus dem Englischen to burn out = ausbrennen) versteht man einen Zustand völliger geistiger, seelischer und körperlicher Erschöpfung. Dem Betroffenen wird alles zu viel, er ist nicht mehr leistungsfähig, verliert mehr und mehr die Lust an allem, zieht sich vom Arbeits- und Sozialleben zurück und wird zunehmend aggressiv und/oder depressiv. Am Ende scheint der Weg in die Sucht (Alkohol, Medikamente, Drogen ...) oder in den Suizid als einzig möglicher Ausweg zu bleiben. Das Burn-out-Syndrom findet sich heute in allen sozialen Schichten und immer mehr auch in allen Altersstufen.

Wie äußert sich Burn-out?

Fast jeder von uns kennt das Gefühl, ausgelaugt und reif für die Insel zu sein, mehr oder weniger ausgeprägt. Aber wann kann man wirklich von Burn-out sprechen? Sicher wird niemand eine körperliche Erschöpfung nach einer überstandenen Grippe als Burn-out bezeichnen, ebenso wenig wie die alljährliche Frühjahrsmüdigkeit oder Schlaflosigkeit bei extremer Anforderung. Selbst eine längere Phase des Rückzugs und der Trauer nach einem schweren Schicksalsschlag kann als normal und gesund angesehen werden und hat mit Burn-out noch nichts zu tun.

Einen Erschöpfungszustand als Burn-out zu bezeichnen ist dann angebracht, wenn er ohne erkennbaren Grund über mehrere Wochen und Monate anhält. Wenn eine Regeneration, ein Auftanken von neuer Kraft und Zuversicht nicht mehr möglich zu sein scheint, wenn zunehmend mehr Lebensbereiche von Gleichgültigkeit oder Angst betroffen sind, Kopfschmerzen und Verspannungen nur noch mit Medikamenten behandelt werden können, sich chronische Krankheiten einstellen, man an den eigenen Fähigkeiten, der eigenen Persönlichkeit zweifelt und irgendwie alles den Bach runterzugehen scheint.

So fängt es an

Dabei fängt alles scheinbar ganz positiv an: Sie finden einen Job (oder eine andere Aufgabe, vielleicht auch eine Person, der Sie sich widmen), der Ihnen wirklich großen Spaß macht. Sie engagieren sich, identifizieren sich damit, geben alles, und das über einen sehr langen Zeitraum. Sie ignorieren die ersten Warnsignale Ihres Körpers, gönnen sich keine Pause, lassen Familie und Freunde immer mehr links liegen. Fehlschläge werden überspielt, Sie übersehen, dass der Job Ihnen mittlerweile gar nicht mehr so großen Spaß macht, er ist eher zur Belastung geworden. Sie fühlen sich wie ein Hamster im Laufrad, aber Sie können sich nicht zurückziehen, weil Sie nicht wissen, wohin!

Ähnliches kann natürlich auch im Zusammenhang mit einem ungeliebten Beruf passieren, einer ungeliebte Aufgabe oder einem Menschen, den man seit Jahren nur noch erträgt. Das Anhaften, Nicht-loslassen-Können, Nicht-hinsehen-Wollen erfordert in diesen Fällen ebenfalls viel Kraft und führt vielleicht sogar noch schneller zum Burn-out. Und irgendwann stellt sich schließlich die Frage: Wer oder was bin ich eigentlich ohne diese mich völlig verschlingende Aufgabe?

Gerade dieser Frage gilt es auf den Grund zu gehen: Wer bin ich eigentlich? Dazu gehört auch: Welches sind meine Stärken und Schwächen? Wie steht es mit meiner Selbstachtung, meinem Selbstwertgefühl? Habe ich mich schon immer so hineinsteigern können? In welchen Bereichen war und bin ich noch so extrem? Welchen Stellenwert haben und hatten Familie, Freunde und Verwandte für mich? Wann habe ich angefangen, mich aufzugeben, und warum? Wie möchte ich jetzt weitermachen?

Je eher, desto besser

Je früher Sie erkennen, dass Sie sich in einer Aufgabe erschöpfen, desto eher können Sie anfangen, sich die oben genannten Fragen zu beantworten. Wenn Sie unsicher sind, dann fragen Sie einfach einmal Ihre Familie sowie Freunde und Bekannte. Vermutlich werden sie Ihnen Ihr Gefühl »Irgendetwas stimmt nicht mit mir, meiner Art, wie ich lebe ...« bestätigen. Und entsprechend sollten Sie dann handeln. Stürzen Sie sich jetzt aber bitte nicht in eine andere Aktivität, die Ihnen momentan scheinbar guttut, nur um dann nach einiger Zeit wieder festzustellen, dass Sie sich auch hier – sei es im Sport, in der Meditation, beim Wandern oder wobei auch immer – wieder alles abverlangen und sich auslaugen. Nehmen Sie sich Zeit, und gönnen Sie sich die Ruhe, sich ganz mit sich selbst zu beschäftigen und den oben genannten Fragen nachzuspüren. Es

Ich erkenne, was mich getrieben hat

Neu für mich ist das Prüfen gegenüber der Arbeit. Ich erkenne, welche Bedeutung Arbeit für mich hat, wie zentral und wichtig sie ist, aber auch wie unterschiedlich sie war. Die Arbeit mit meinem Körper – lustvoll, ehrgeizig und erfolgreich. Die Arbeit in der Öffentlichkeit, in Ämtern und Funktionen – anstrengend, immer angstbesetzt und wenig erfolgreich. Die Arbeit an der eigenen Karriere – erfolgreich, aber rücksichtslos und zuletzt sinnleer. Ich erkenne auch, was mich getrieben hat: Lust und Freude genauso wie Eitelkeit, Angst und Gier. Und ich erkenne die Schwierigkeiten, die ich mir und anderen Menschen damit bereitet habe.

Christian N.

gibt eine sehr strukturierte Methode, die Ihnen hilft, dabei nicht wieder in Maßlosigkeit zu verfallen – Naikan.

Wenn Sie wegen Ihres Burn-out-Syndroms schon in ärztlicher oder psychotherapeutischer Behandlung sind und Naikan selbstständig üben wollen, sollten Sie das mit dem Arzt oder Therapeuten besprechen. Dieser kann sich – so er Naikan noch nicht kennt – eingehend über die Methode informieren und Ihnen entsprechend Ihrem Zustand raten.

Naikan-Woche bei Burn-out-Syndrom

Wenn Sie es irgendwie einrichten können, rate ich Ihnen bei bestehendem Burn-out-Syndrom, die klassische Woche in einem Naikan-Zentrum zu absolvieren. Dort werden Sie mit dem Nötigen versorgt, achtsam begleitet und kommen allein schon durch die Ruhe und die entspannte Atmosphäre sehr nah an sich selbst heran. Außerdem laufen Sie hier weniger Gefahr, abzuspringen, als in der Selbstanleitung zu Hause. Sie können leichter durchhalten. Auch wenn Sie jetzt vielleicht denken: »Wäre ich nicht so gut im Durchhalten, ginge es mir jetzt nicht so schlecht«, werden Sie sehen, dass es eine ganz eigene und heilsame Herausforderung ist, sich selbst auszuhalten.

Die Vorarbeiten

Wollen Sie es doch erst einmal selbst versuchen, empfehle ich Ihnen, sich zuerst gegenüber den eigenen Eltern zu prüfen (siehe Seite 84–107). Häufig liegt der Schlüssel für extreme Verhaltensweisen, die zu Ihrem Erschöpfungszustand geführt haben, in der Kindheit. Vielleicht hatten Sie schon sehr früh das Gefühl, nie gut genug zu sein oder immer weniger zu bekommen als andere Kinder. Mit dem Naikan gegenüber den Eltern können Sie Missverständnisse, Fehlprogrammierungen und Fehlinterpretationen aufspüren (siehe auch Seite 89–92).

Wenn Sie diese Aufgabe erledigt haben, können Sie den nächsten Schritt auf dem Weg zu Ihrer Heilung gehen. Er besteht darin, sich Ihr Verhalten in Bezug auf Arbeit und Ihre Einstellung dazu anzusehen. Sie prüfen sich also jetzt nicht gegenüber einer Person, sondern gegenüber einem Thema.

Haben Sie bei Ihrer Übung Geduld, und arbeiten Sie jeden Tag nur die vorgegebene Zeit von insgesamt 30 bis 60 Minuten (inklusive Tagebucheintrag). Die Gefahr, in das alte Verhaltensmuster zurückzufallen und auch die Naikan-Übung exzessiv anzugehen, ist für Burn-out-Betroffene besonders groß!

Wichtig im Zusammenhang mit Ihrem Burn-out-Syndrom sind eventuell erkennbare Mechanismen der Ent- oder Belohnung, die Frage, wann die ersten Symptome aufgetaucht sind und welche Art von Schwierigkeiten sie bereitet haben. Wenn Sie mit dem Thema Arbeit fertig sind, ist Ihnen vielleicht schon die eine oder andere Eigenart aufgefallen, die mit Ihrem Erschöpfungszustand zu tun haben könnte. Sie sollten dann allerdings nicht weiter darüber nachdenken, denn wir wollen ja erreichen, dass diese Erkenntnisse in Ihrem Inneren wirken.

Aber Achtung! Zu glauben: »Aha, ich muss ja nur dies oder jenes tun, dann wird alles ganz anders!« und Naikan jetzt abzubrechen, wird kaum dazu führen, Verhaltensmuster dauerhaft zu ändern. Die Ergebnisse aus den bisherigen Betrachtungen wollen weiter vertieft werden, sie müssen sinken.

Naikan gegenüber Ihrem Zustand

So steht als nächste Aufgabe an, sich in Bezug auf Ihren Zustand zu prüfen. Das fordert noch ein ganzes Stück mehr Konzentration und auch Ehrlichkeit von Ihnen als die bisherige Innenschau. Es ist nämlich gar nicht einfach, sich einzugestehen, dass Sie auch »Nutzen« aus der Krankheit ziehen, aktiv etwas für sie tun und dadurch viele Schwierigkeiten verursachen. Das heißt natürlich nicht, dass Sie willentlich Ihr Burn-out-Syndrom verursachen oder aufrechterhalten, dass Sie zu schwach seien, dagegen anzugehen, oder selbst Schuld hätten. Es bedeutet lediglich, dass Sie bestimmte Bedürfnisse nicht oder nicht genügend beachtet haben. Seien Sie also gerade bei der bevorstehenden Aufgabe schonungslos ehrlich. Dann können Sie erkennen, was bisher in Ihrem Leben gefehlt hat.

 ### ETWAS WILL SICH GEHÖR VERSCHAFFEN

Ein Teil von uns, den wir im Allgemeinen Unterbewusstsein (Seele, Innerstes ...) nennen, wollte schon lange eine Pause und hat seit geraumer Zeit versucht, sich »Gehör« zu verschaffen. Unser Verstand weigerte sich aber sehr hartnäckig, dieses unbekannte Ich zu Wort kommen zu lassen, diese andere Seite zuzulassen. Wir empfinden diesen Teil als schwach, böse, lästig, unnötig, brutal, ungehörig, kindisch. Kurz gesagt: All das, was wir an uns nicht mögen oder was wir uns von Familie oder Gesellschaft haben aberziehen lassen, was aber trotzdem zu uns gehört, will jetzt anerkannt und zum Teil auch gelebt werden. – Das zeigt Ihnen Ihr Burn-out-Syndrom.

Die Zeiteinteilung: Beginnen Sie mit dem Monat, in dem das Syndrom das erste Mal aufgetreten ist oder sich angedeutet hat. Teilen Sie dann die Zeit bis zum heutigen Tag in möglichst viele

Abschnitte ein. Liegt dieser Zeitpunkt länger als 2 Jahre zurück, empfehle ich Ihnen, Halbjahresperioden zu nehmen, andernfalls Quartale, Monate oder gar Wochen. Widmen Sie jedem dieser Abschnitte täglich eine Naikan-Sitzung, wobei Sie jeweils nur an einer einzigen Frage (!) arbeiten. Nehmen Sie sich also für den ersten Tag den ersten Zeitabschnitt mit der ersten Naikan-Frage vor. Lassen Sie Ihre Gedanken 20 bis 50 Minuten um Ihren damaligen Zustand kreisen. Schreiben Sie dann die Antworten auf, das dauert 5 bis 10 Minuten. Für heute ist die Arbeit erledigt. Nehmen Sie sich die zweite und dritte Frage an den nächsten beiden Tagen vor! Mit dieser abgewandelten Form des schriftlichen Naikan geben Sie sich die Möglichkeit, zur Ruhe zu kommen und sehr tief in die Erinnerung einzutauchen.

 EIN GUTER FREUND

Versuchen Sie, Ihr Burn-out-Syndrom als »guten Freund« zu sehen, der Ihnen helfen will, jeden Aspekt Ihres Wesens zu erkennen, zu begreifen und in Ihre Persönlichkeit zu integrieren. Das hilft Ihnen bei der Prüfung mit den einzelnen Fragen gegenüber Ihrem Gesundheitszustand.

Die erste Frage: Was hat die Krankheit im Zeitraum x für mich getan? Vermutlich hat sie Sie erst einmal »verlangsamt«, Sie aus einem gewohnten Trott gerissen, Sie gezwungen, sich mit sich selbst zu beschäftigen. Symptome jeglicher Art sichern Ihnen außerdem – gewollt oder ungewollt – Aufmerksamkeit, Zuwendung und Mitgefühl.

Achten Sie bei dieser Frage darauf, wovon Sie Ihr Zustand abgehalten hat, und formulieren Sie das Ergebnis positiv. Wenn Sie im ersten Moment denken: »Sie hat mich gezwungen, die Reise nach Amerika abzusagen«, schreiben Sie nachher auf: »Sie hat mir ermöglicht, die Reise nach Amerika abzusagen.« So paradox es klingt, Sie können ziemlich sicher sein, dass ein Teil in Ihnen das auch so meint – was immer Ihr Verstand dazu sagt.

Achten Sie auch darauf, von wem Sie durch Ihren Zustand Aufmerksamkeit bekommen haben. Vielleicht interessiert sich Ihre eigene Mutter, die vorher nur noch für ihre Katze gelebt hat, wieder für Sie. Sie erfahren hier, wessen Aufmerksamkeit, Mitgefühl und Interesse Ihr Unterbewusstsein erregen wollte. Als Antwort schreiben Sie in diesem Fall: »Sie hat bewirkt, dass Mutter (mein Kollege, mein Trainer ...) sich ausführlich (interessiert, mitfühlend ...) mit mir unterhalten hat.« In diesem Stadium kann es durchaus passieren, dass Sie plötzlich schmunzeln müssen, wenn Ihnen bewusst wird, nach wessen Aufmerksamkeit Sie sich unbewusst gesehnt haben.

Vielleicht lernen Sie durch das Burn-out-Syndrom auch neue, interessante Menschen kennen, weil Sie Seminare besuchen, sich einer Selbsthilfegruppe anschließen oder eine Kur machen. Umgekehrt können Sie betrachten, wen Ihr Zustand »verscheucht« hat. Das kann natürlich sehr schmerzlich sein, wenn ein geschätzter oder gar geliebter Mensch sich von Ihnen wegen Ihrer Krankheit distanziert. Formulieren Sie es trotzdem zumindest neutral: »Sie hat bewirkt, dass ich Sonja nicht mehr so oft sehe.«

Die zweite Frage: Was habe ich durch die Krankheit im Zeitraum x für mich und andere getan? Themenbezogene Fragen sind immer etwas heikel, weil wir sie in gewisser Weise dem zu erreichenden Ziel anpassen müssen. Zum Beispiel würde die

Frage: Was habe ich für das Burn-out getan? gleichzeitig bedeuten: Welche Schwierigkeiten habe ich mir selbst beziehungsweise meinem Verstand, Ego oder Bewusstsein bereitet, indem ich mich so verhalten haben, dass die Krankheit ausbrechen und sich entwickeln konnte? Die im Sinne von Naikan passende Frage in diesem Fall wäre: Was habe ich durch die Krankheit für mich und andere getan? Zum Beispiel könnten Sie gelernt haben, Arbeitszeiten einzuhalten oder Arbeiten zu delegieren.

Die dritte Frage: Welche Schwierigkeiten habe ich durch meinen Zustand im Zeitraum x bereitet? Eigentlich würde die klassische Naikan-Frage hier lauten: Welche Schwierigkeiten habe ich dem Burn-out bereitet? Damit würden Sie aber danach fragen, was Sie alles getan haben, um das Syndrom loszuwerden. Da es bei der dritten Naikan-Frage jedoch um negative Auswirkungen geht, formulieren wir, wie in der Überschrift empfohlen, um. Eine mögliche Antwort wäre hier beispielsweise: Als ich krankgeschrieben wurde, musste meine Kollegin meine Arbeit übernehmen.

 BEISPIEL FÜR EIN BURN-OUT-NAIKAN

Burnout, 24.01.2012

1. Es hat mir die Geschäftsreise nach Berlin erspart. Es hat mir die gefürchtete Vorstandssitzung erspart. Es hat mir geholfen, mich von Amanda zu trennen. Durch das Burn-out habe ich zur Selbsthilfegruppe gefunden, wo ich viele interessante Menschen kennengelernt habe. Ich habe gelernt, den Hass zuzulassen, der in mir steckt. Endlich konnte ich »Nein!« sagen.

2. Ich habe meine Arbeitszeiten eingehalten. Ich habe die Medikamente eingenommen, die mir meine Ärztin verschrieben hat. Ich habe ein Familienaufstellungs-Seminar besucht. Ich habe angefangen, zu meditieren. Ich habe eine Kur beantragt, bekommen und durchgeführt. Ich habe offen über meinen Zustand gesprochen. Ich habe meinem Kollegen die Meinung gesagt. Ich habe meine Kinder die Gartenarbeit machen lassen. Ich habe mich aus einem Streit zwischen meiner Schwiegermutter und meiner Frau herausgehalten und beiden klargemacht, dass es ihre Angelegenheit ist. Eine Freundin war durch meinen Zustand so schockiert, dass sie ihre lange ungeliebte Arbeitsstelle gekündigt und einen zu ihr passenden Job angenommen hat. Ich habe nach langer Zeit wieder Kontakt zu einem alten Bekannten aufgenommen. Ich habe eine Naikan-Woche absolviert.

3. Meine Kollegen mussten für mich die Arbeit mit erledigen. Mein Vorgesetzter musste mich bei den Kunden entschuldigen. Die Firma hat einen Auftrag verloren. Ich konnte kein Punkte-Spiel mehr mitmachen. Ich ging nicht mehr mit meinem Hund Gassi. Ich vernachlässigte meine Tochter, konnte ihr nicht mehr zuhören. Ich schrie meinen Vater aus nichtigem Anlass an. Ich hatte überhaupt keine Lust mehr auf Sex, was mein Mann nicht verstand. Vor der Kassiererin brach ich in Tränen aus. Meine Mutter musste sich meine endlosen Klagen über die Ungerechtigkeit auf dieser Welt anhören. Ich habe es nicht geschafft, wie versprochen, das Auto meines Vaters durch den TÜV zu bringen. Ich konnte nur noch unbeteiligt dasitzen, was meine Kinder zu Tode ängstigte. Der Notarzt musste kommen und mir den Magen auspumpen.

Wenn Sie dieses Zustands-Naikan einige Zeit praktiziert haben, werden Sie Veränderungen bemerken, die sich positiv auf Ihr Krankheitsbild auswirken. Denken Sie nicht lange darüber nach, warum das so ist, sondern nehmen Sie es einfach dankbar als Tatsache hin.

Achten Sie aber bitte auch darauf, sich nicht zu früh und auf ähnliche Weise wieder in neue Aufgaben zu stürzen oder gar ins andere Extrem zu verfallen. Das Helfer-Syndrom (das häufig zu Burn-out führt) umzuwandeln in ein Opfer-Syndrom ist definitiv der falsche Weg. Suchen Sie immer die goldene Mitte. Sie tragen Verantwortung für sich selbst und Ihrem Umfeld gegenüber. Wenn Sie achtsam mit beidem umgehen, werden Sie keine Schwierigkeiten durch extreme Erschöpfungszustände mehr haben – und bereiten. Wenn Sie Naikan in Ihr tägliches Leben integrieren (siehe Seite 27–38), stärken Sie die bisher erzielte Wirkung nachhaltig.

Mobbing-Situationen mit Naikan betrachten

Schon die Übersetzung des zugrunde liegenden Wortes lässt nichts Gutes ahnen. Das englische »mob« wird übersetzt mit: Meute, Pöbel, Gesindel, (Verbrecher-)Bande; herfallen über, bedrängen, belagern. Für den aktuellen Gebrauch des Wortes »Mobbing« existiert im Moment allerdings keine allgemein anerkannte Definition. Fasst man verschiedene Aussagen zusammen, liegt Mobbing dann vor, wenn eine oder mehrere Personen über einen längeren Zeitraum negative Handlungs- und/oder Verhaltensweisen gegenüber einer einzelnen Person offen oder versteckt durchführen. Jemanden also ständig kritisieren, ihn lächerlich machen oder beschimpfen fällt genauso unter Mobbing wie ihn nicht beachten, ihm Informationen vorenthalten oder natürlich auch körperliche

Gewalt, sexuelle Belästigung und vieles mehr. Für den Begriff »Mobbing« maßgeblich ist, dass das negative Geschehen beiden Parteien bewusst ist und über einen längeren Zeitraum passiert. Bewusst von beiden Parteien heißt, es gibt jemanden, der schikaniert (Täter), und jemanden, der sich angegriffen fühlt (Opfer).

An Arbeitsplatz und Schule

Wer gemobbt wird, verliert nicht nur an Lebenslust und -qualität, sondern kann auch ernsthaft krank werden. Laut dem vom Bundesamt für Arbeitsschutz und Arbeitsmedizin veröffentlichten Mobbing-Report erkranken 43,9 Prozent der Betroffenen, fast die Hälfte davon länger als sechs Wochen. Dem Staat entstehen dadurch immens hohe Kosten, die auf zweistellige Milliardenbeträge geschätzt werden. Dabei sind jedoch nur die Folgen von Mobbing am Arbeitsplatz berücksichtigt. Mobbing findet aber auch schon in der Schule statt. An manchen Lehranstalten gibt es mittlerweile Krisenbeauftragte, Schülerinnen und Schüler in höheren Jahrgangsstufen, die bereit sind, sich in Krisen- und Stressmanagement fortbilden zu lassen, und Betroffenen vermittelnd zur Seite stehen. Und Beistand, also Hilfe von außen, ist wichtig, denn alleine lässt sich das Problem in den wenigsten Fällen lösen.

Holen Sie sich umgehend Hilfe

Fühlen Sie sich also akut gemobbt, scheuen Sie sich nicht, Hilfe zu suchen. Als Schüler oder Azubi sollten Eltern die ersten Ansprechpartner sein, aber auch Mitschüler, Lehrer und der Direktor können sich mit Ihnen zusammen über sinnvolles Vorgehen informieren. Auch das Internet bietet Anlaufstellen für Mobbing-Opfer. Als Erwachsener sollten Sie zumindest einen Versuch unternehmen, mit dem oder den Mobbern direkt zu sprechen. Je klarer und sicherer Sie dabei auftreten, umso wahrscheinlicher ist ein Erfolg. Bringt die eigene Intervention innerhalb kurzer Zeit keine Verbesserung der Situation, sollten Sie sich an den Vorgesetzten, den Betriebsrat, einen Arzt, die Polizei oder auch an einen geistlichen Beistand wenden.

Wichtig ist, möglichst schnell zu handeln, um die Täter-Opfer-Automatik erst gar nicht aufzubauen und in Schwung kommen zu lassen. Denn je länger die Situation andauert, umso schwieriger wird es, sich daraus zu lösen, und umso weiter schreiten die Folgen voran: Selbstzweifel, Depression und Selbsthass ziehen Sie immer mehr in die Isolation, und Sie glauben immer weniger daran, dass Ihnen überhaupt geholfen werden kann. So kommt ein fataler Teufelskreis in Gang, denn je schwächer Sie sich fühlen, umso mehr gewinnen Mobber die Oberhand.

Doch auch wenn Ihre Situation schon länger andauert, Sie die Folgen sogar bereits im Krankenstand zu kurieren versuchen, ist es möglich, gegen Mobbing anzugehen.

Flankierende Unterstützung durch Naikan

Zusätzlich zur Hilfe von außen kann Naikan Sie unterstützen, Klarheit und Selbstbewusstsein zu schaffen. Denn wir lernen durch Naikan zu erkennen, wie viel wir in unserem Leben von unserem Umfeld profitieren konnten und was wir unsererseits dazu beigesteuert haben. Und wir lernen, uns aus den Augen unserer Mitmenschen zu betrachten, was dazu führt, Situationen relativ neutral und objektiv einschätzen zu können. Zusammen mit einem steigenden Selbstbewusstsein kann das bewirken, dass Sie sich nun zutrauen, mit dem oder den Mobbern in offene sachliche Konfrontation zu gehen. Da Personen, die mobben, meist mit einem Minderwertigkeitskomplex ausgestattet sind und diesen durch das

Mobbing zu kompensieren versuchen, kann eine selbstbewusste Auseinandersetzung zu einer Abnahme oder gar Einstellung der Mobbing-Aktivitäten führen.

Das Fatale am Mobbing sind die Selbstzweifel, die sich bei den Opfern einstellen – sie wissen langsam selbst nicht mehr, ob die anderen nicht vielleicht recht haben, sie vielleicht wirklich unfähig, hässlich, nicht liebenswert sind. Nehmen Sie sich als Mobbing-Opfer jedoch die Zeit, die eigene Vergangenheit mithilfe von Naikan genau zu betrachten, werden Sie feststellen, dass da schon immer Menschen waren, die Sie geliebt, etwas für Sie getan, zu Ihnen gehalten haben, Sie so genommen haben, wie Sie sind. Ich empfehle Ihnen deshalb dringend, als Erstes Naikan gegenüber Ihren Eltern zu üben (siehe Seite 84–107).

Der Blick in die Vergangenheit

Beim Thema Mobbing das Naikan mit den Eltern zu beginnen hat mehrere Vorteile: Zum einen lernen Sie die Arbeit mit den drei Fragen anhand eines vertrauten Umfeldes, das auch schon die ersten Ansätze für Ihre heutige Situation erkennen lassen kann. Möglicherweise stellen Sie bei der eigenen Prüfung mit den Naikan-Fragen fest, dass Ihr Mobber Sie an Vater oder Mutter erinnert, Sie schon früher das Gefühl hatten, nicht verstanden zu werden, oder Ähnliches. Auch wenn derlei Gefühle im Naikan keine Relevanz haben, weil wir uns nicht betrachten, was uns angetan wurde, sind sie doch real vorhanden und häufig den Gefühlen von Mobbing-Opfern sehr ähnlich.

Andererseits geben Sie sich die Chance, das eigene Verhalten aus einer ungewohnten Perspektive zu betrachten, nämlich der des Vaters oder der Mutter, also des Gegenübers. Das kann durchaus den einen oder anderen Aha-Effekt hervorrufen.

DER EIGENE BEITRAG

Ich wurde selbst in der Schule ein Jahr lang von einer Gruppe Mädchen gemobbt: Sie warteten am Eingang auf mich, tuschelten und lachten mich aus. Es ging so weit, dass ich irgendwann mit Bauchschmerzen in die Schule ging, am liebsten zu Hause geblieben wäre und der Unterricht mir keine Freude mehr machte. »Gerettet« wurde ich, weil ich schließlich auf eine höhere Schule wechselte.

Als ich Jahre später diese Zeit mit Naikan gegenüber meiner Mutter betrachtete, fiel mir auf, dass ich gerade in diesem Jahr einen Hang zur Besserwisserei und Streberei entwickelt hatte, mit dem ich meiner Mutter häufig Schwierigkeiten machte. Bei genauerer Betrachtung auch des Themas »Schule« kam mir in den Sinn, dass ich das Verhalten der Mädchen durch meine Art teilweise sicher herausgefordert hatte. Ich war nicht »selbst schuld«, wie man vielleicht denken könnte, denn diese siebengescheite, vorlaute Art war zu der Zeit nun mal Teil meines Wesens und meiner Entwicklung. Es gehörte für mich dazu, und ich war mir dessen überhaupt nicht bewusst.

Das Erkennen dieser Tatsachen half mir im Nachhinein ein großes Stück weiter, dieses eine Schuljahr nicht nur als Schreckensjahr in Erinnerung zu behalten, sondern auch das Gute annehmen zu können, das im gleichen Jahr geschehen ist.

Auch die Naikan-Prüfung gegenüber Freunden (siehe Seite 150–151) ist in Mobbing-Situationen empfehlenswert. Versuchen Sie, sich an die erste Sandkasten-Bekanntschaft zu erinnern, den ersten »besten«

Freund, die erste Freundin, der Sie Ihr Herz ausgeschüttet haben, die Clique, mit der Sie um die Häuser gezogen sind, mit der Sie heimlich die erste Zigarette geraucht haben – alle, die Sie im weitesten Sinne als Freund oder Freundin bezeichnen können, sind wichtig. Möglicherweise fällt Ihnen bei der Prüfung auf, dass Sie schwer Freundschaft schließen und nur für ganz wenige Menschen in Ihrem Leben diese Bezeichnung zulassen; dadurch wirken Sie vielleicht schüchtern oder unnahbar und fordern Mobber ungewollt heraus. Prüfen Sie in Ihrer Naikan-Übung bitte auch, ob es Personen gab, die gerne mit Ihnen Freundschaft geschlossen hätten, die sich vielleicht in Ihren Augen »angebiedert« haben oder etwas für Sie getan haben, ohne dass Sie eng vertraut gewesen wären. Beziehen Sie also auch eher lose Bekanntschaften in Ihre Betrachtung mit ein.

Gab es in einem Zeitabschnitt sehr viele Personen, die Sie als Freunde bezeichnen würden, können Sie den Zeitraum verkürzen oder ihn mit einer bestimmten Person wiederholt prüfen. Wichtig ist wie immer im Naikan, möglichst ohne Bewertung die reinen Tatsachen zu betrachten und sich ausgiebig gegenüber der dritten Frage zu prüfen, ebenfalls ohne Bewertung. Sollten Sie in einer Periode wenige oder gar keine Menschen finden, die Sie als Freunde bezeichnen würden, können Sie die zu betrachtende Zeit ausnahmsweise auch verlängern. Mehr als 6 Jahre sollte jedoch kein Betrachtungszeitraum umfassen, weil die Gefahr groß ist, etwas zu übersehen.

Das Täter-Profil

Ein spannendes Thema, dem Sie sich (nicht nur) im Zusammenhang mit Mobbing widmen können, ist das eigene Täter-Profil. Keiner von uns ist nur Opfer, wir sind alle meist beides. Das soll Ihnen kein schlechtes Gewissen machen, sondern wie immer der klaren Darstellung von Tatsachen dienen. Machen wir uns einmal bewusst, dass auch wir keine Engel sind und so manchem Menschen in den verschiedensten Bereichen das Leben schwer gemacht haben und schwer machen, relativiert sich das Gefühl des Hilflos-ausgeliefert-Seins.

Anders als beim Thema »Zu den eigenen Schattenseiten stehen« (siehe Seite 123–130) überlegen wir uns bei dieser »Täter-Übung« ganz bewusst, in welchen Situationen sich jemand von uns ge-mobbt gefühlt haben könnte. Gehen Sie in den üblichen Zeitein-heiten die Bereiche Kindergarten und Schule, Sport, Beruf, Hobbys durch, und lassen Sie Ihre Gedanken um Situationen kreisen, die für jemanden durch Ihr Verhalten extrem unangenehm waren. Ein Beispiel: »Ich sperrte mich in der Toilette ein, weil ich sauer auf Ina war.« Versetzen wir uns in Inas Lage, werden wir erkennen, dass die Situation ein unangenehmes Gefühl von »Schuld« bei Ina ausgelöst haben könnte. Auch wenn die betreffende Person nicht die Absicht hatte, Ina zu »mobben«, könnte ihr Verhalten durchaus einen ent-sprechenden Effekt hervorgerufen haben: Ina könnte sich schika-niert, unter Druck gesetzt, hilflos und ausgeliefert gefühlt haben, so wie das auch in Mobbing-Situationen der Fall ist. Stellen Sie sich deshalb bei der Täter-Übung die Naikan-Fragen wie folgt:

1. Was hat diese Situation mir gebracht? Zum Beispiel: Ina hat mir danach jeden Gefallen getan, um den ich sie bat.

2. Was hat diese Situation mich gekostet? Zum Beispiel: Ich habe dadurch bei unserer gemeinsamen Freundin Jutta an Ansehen verloren, sie hat kaum mehr mit mir gesprochen.

3. Wem habe ich in dieser Situation Schwierigkeiten bereitet? Zum Beispiel: Ina selbst und Jutta, weil Ina die gemeinsame Freun-din in der Folge vernachlässigte.

Sich dieser Übung zu stellen bedeutet auch, die Unsicherheit und Selbstzweifel zu spüren, die uns zu solchen Handlungen treiben können. Daraus könnte ein gewisses Verständnis für die Situation Ihres Mobbers entstehen, das diesem die Macht nimmt, Ihnen Angst machen zu können. Denn Sie sehen nun, dass der Täter im Grunde auch Angst hat oder unsicher ist.

Da Sie sich in einer Mobbing-Situation möglichst schnell Klarheit über die genannten Dinge verschaffen möchten, können Sie sich auch tagewise oder an einem Wochenende für die Naikan-Übung zurückziehen. Sie bearbeiten dann die Zeiträume hintereinander weg, beginnen also mit einem Zeitabschnitt und einer Person oder einem Thema, gehen nach dem Tagebuch-Eintrag gleich zur nächsten zu betrachtenden Periode und üben so lange weiter, bis Sie mit dem Thema oder den Personen, die Sie sich vorgenommen haben, fertig sind.

Eine echte Bereicherung

Es war für mich eine Woche mit vielen schmerzlichen, erschreckenden Erkenntnissen über mich und mein Verhalten gegenüber Familie und Mitmenschen. Diese Erkenntnisse, für die ich sehr dankbar bin, sehe ich nun als echte Bereicherung an und werde sie zum Anlass nehmen, mit den Menschen in meiner Umgebung ins Gespräch zu kommen. Von jetzt an werde ich ehrlich mit mir und anderen umgehen.

Ulrike F.

Bücher und Adressen, die weiterhelfen

Emmons, Robert (2008): Vom Glück, dankbar zu sein. Eine Anleitung für den Alltag. Campus

Krech, Gregg (2007): Die Kraft der Dankbarkeit: Das Praxisbuch für innere Zufriedenheit. Knaur

Steinke, Gerald; Müller-Ebeling, Claudia (2004): Beruf, Schule, Familie, Seelsorge, Suchthilfe, Strafvollzug. Kamphausen

Dittschar, Wilhelm; Ishii, Akira (2008): Naikan in der Schule: Neue Wege zur Selbstverantwortung – wie Kinder und Jugendliche lernen, Mitgefühl zu entwickeln. Kamphausen

Hartl, Josef; Ishii, Akira (2000): Das Wesen von Naikan. NAIKIDO-Shiatsu

Naikan-Leiter in Deutschland: Sabine Kaspari – www.Naikan-Zentrum.de; Ingrid Stempel – www.Praxis-Naikan.de; Dorle Steinke – www.Naikan.de; Dipl.-Psych. Armin Morich – info@ambbah.de

Naikan-Leiter in Österreich: Psychotherapeut Franz Ritter – www.naikan.com; Johanna Schuh – www.insightvoice.at; Helga Hartl – www.naikido.at; Stefanie Tuczai – www.naikido-burgenland.at; Joseph Badegruber – www.breitenstein.or.at; Ernst Stockinger www.naikido-ooe.at

Naikan-Leiter in der Schweiz: Ruedi Beiner – www.naikan-schweiz.ch

Danksagung

Naikan hat mich gefunden durch meinen Naikido-Shiatsu-Lehrer, Josef Hartl, dem ich dafür immer dankbar sein werde. Als Mentor meiner Ausbildung zur Naikan-Leiterin fand ich Franz Ritter, der Naikan 1980 zusammen mit Professor Akira Ishii aus Japan nach Europa brachte. Assistieren durfte ich bei Johanna Schuh und Akira Ishii; auch ihnen herzlichen Dank für ihre liebevolle Unterstützung. Nicht zu vergessen all jene, die sich von mir durch ein Naikan-Seminar begleiten ließen und lassen und mir damit unerschöpflichen Stoff für dieses und weitere Bücher liefern. Auch ihnen herzlichen Dank!

Eine wertvolle Hilfe in der Anfangsphase dieses Buches waren die Ratschläge von Günter Kieser vom Param-Verlag, ihm vielen Dank für sein Interesse, das mir half, das Projekt weiterzuführen. Den Mut, das Thema aufzugreifen und in der Redaktionskonferenz vorzustellen, brachte Ilona Daiker auf – sie hat »das Kind zur Welt gebracht«, ganz herzlichen Dank dafür! Dass das Buch in einer für den Leser verständlichen und übersichtlichen Form erscheinen konnte, verdanke ich nicht zuletzt meiner geschätzten Lektorin Ulrike Auras, die sich sehr intensiv und liebevoll in dieses anspruchsvolle Thema einarbeitete und dabei Unglaubliches leistete – auch ihr sehr herzlichen Dank!

Und natürlich danke ich meiner Familie für ihre konstruktive Kritik (Einer meiner Söhne sagte: »Mama, vergiss es! Wirf das Ding doch in den Müll!«), die unendliche Geduld, die vor allem mein Mann aufbrachte, und seine Unterstützung, indem er so manche Aufgabe übernahm, damit ich in Ruhe schreiben konnte – ich danke dir! Es könnte noch unendlich weitergehen – damit ich jedoch den Umfang des Buches nicht sprenge und keine Schwierigkeiten bereite, höre ich jetzt mit dem Danken auf!

Register

A

Alltag   10, 16, 93, 151

Anhaften   171

Antworten   46–56, 95, 98, 115–122

Arbeit   164–187

Arbeitseinstellung 164–168

Arbeitsplatz   181

Augenhöhe   158

B

Berufsleben   164–187

Bewertung   19, 50, 185 (siehe auch Wertvorstellungen, Werte)

Beziehung 149   (siehe auch Partnerschaft)

Burn-out-Syndrom 169–180

D

Dankbarkeit   15–18, 19

Demut   16–17

E

Ehe   148–163

Ehrlichkeit   59–62, 145, 175

Einschränkungen   50

Eltern   74, 77, 78–79, 84–112, 139, 141, 160, 173, 183

Emmons, Robert   15

Emotionen   72 (siehe auch Gefühle)

Enttäuschungen   73–74

Erfahrungen   13–14, 77–78, 84

Erinnerungen   83, 96, 97, 150

Erschöpfungszustand siehe Burn-out-Syndrom

Erwartungen   31, 72, 73–74, 133

Erziehung   132–138

F

Familienmuster   149 (siehe auch Muster, Verhaltensmuster)

Fehlprogrammierungen 89–92

Frage
– dritte   21–22, 51, 95, 96, 98, 99, 101, 104, 109, 111, 112, 115–118, 123, 141, 143–144, 145, 156–158, 178–180, 185
– erste   20, 47–49, 57, 7793, 96, 97, 99, 101, 104, 109, 114, 141–142, 153–155, 176–177
– vierte   9, 22–23, 56–57, 115, 118, 121, 152
– zweite   20–21, 94, 96, 98, 99, 101, 104, 111, 113, 114, 118, 141, 142–143, 155–156, 177–178
– formulieren   59–62, 63–64

Freundschaften   150, 160

G

Geburt   143

Geburtsvorbereitung 143

Gefühle   49, 159, 165, 172, 186 (siehe auch Emotionen)
– negative   17, 83, 118

Gefühlsverlust   149

Gegenwart   131–187

Gerechtigkeit   88–89

Gewissen, schlechtes 137, 185–186

Glaubenssätze   70–73

Glück   48, 81

Grenzen   (bei Kindern) 134, 144

I/K

Ishii, Akira   6, 12, 110

Kennenlernen   151, 152, 153

Kinder   35–37, 132–147, 160

Klausur   9, 91

Konflikt   146, 152, 158

Kontemplation   24

Kritik   51–53, 162

L

Lally, Philippa   66

Launen   62–64

Liebschaften   151, 160

Lügen   123, 124, 125

M

Machtkampf   145

Medikamente   170

Meditation   24, 172

Mobbing   180–187

Muster   70–83, 139, 161 (siehe auch Verhaltensmuster)

Mutter   92–103

N/O

Naikan
– klassisch   9, 138, 33, 39, 44, 58, 138, 173
– Körper-   39–43

– schriftliches   91

– tägliches   27–38, 66, 165

-Regeln   44–45

-Woche   9, 25, 45, 74, 85, 115, 117, 138, 159, 169, 173

One-Night-Stand   151

P

Partnerschaft   32–34, 143, 148–163

Potenziale   20–21

R

Rauchen   39, 40, 142

Regeln   144, 145–147

Regeneration   170

Religionen   109

Retourkutsche   54

S

Säugling   141

Scham   55–56, 128

Schattenseiten   123–129

Schlüsselerlebnisse   89

Schlüsselqualifikationen   165

Schule   181

Schwangerschaft   133, 139, 141, 143

Schwierigkeiten   21–22, 51–57, 58–59, 61, 75, 111–113, 115–118, 141, 142, 143–145, 151, 153, 156–158, 160–161, 165–166, 174, 178–180

Seitensprung   149, 158–161

Selbst

-achtung   171

-beobachtung   73

-bewusstsein   182

-Coaching   9, 24, 25

-entwicklung   162

-erkenntnis   73, 113

-hass   182

-hilfegruppe   159

-kenntnis   157

-wert   20–21

-wertgefühl   109, 171

-zweifel   182, 183, 187

Spiegelgesetz   62, 64, 65

Stehlen   123, 124, 126

Strafen   144

Strafvollzug   129, 130

T

Täter-Opfer-Automatik   182

Täter-Profil   185

Tatsachen   19, 23, 49, 50, 74, 75, 94, 114, 120–122, 154, 155, 180, 186

Töten   123, 124, 126–127

Trauma   25, 90

Trennung   149, 151, 159

U

Überraschungen   156

Umdenken   71–72

Umstände   21–22, 112, 143, 161 (siehe auch Schwierigkeiten)

Umwelt   37–38

Ungerechtigkeit   74, 137, 179

Unterbewusstsein   67–68, 77, 175, 177

Untreue   siehe Seitensprung

V

Vater   103–107

Verantwortung   22, 56, 180

Verbote   144

Verfehlungen   124–129

Vergangenheit   9, 14, 69–130, 87, 139, 183–185

Verhaltensmuster   70–73, 84, 174 (siehe auch Muster)

Verliebtheit   151, 152, 160

Versöhnung   18–19, 69–130, 83, 118

Verzeihung   83, 118

W

Warnsignale   171

Werte   84

Wertvorstellungen   22

Wünsche   22, 31, 112, 149

Y/Z

Yoshimoto, Ishin   12, 19, 39

Zeitdruck   138

Zerstören   123, 124, 126–127

Zufriedenheit   48, 81

Zusammenleben   144

© 2012 GRÄFE UND UNZER VERLAG
GmbH, München

Projektleitung: Ilona Daiker
Lektorat: Ulrike Auras
Umschlaggestaltung und Layout:
independent Medien-Design,
Horst Moser, München
Satz: Liebl Satz+Grafik, Emmering
Herstellung: Renate Hutt
Reproduktion: Repro Ludwig, Zell am See
Druck und Bindung: GGP Media GmbH,
Pößneck

ISBN 978-3-8338-2131-8
1. Auflage 2012

Die GU-Homepage finden Sie im Internet
unter www.gu.de

Wichtiger Hinweis
Die Gedanken, Methoden und Anregungen
in diesem Buch stellen die Erfahrung bzw.
Meinung der Autoren dar. Sie wurden von
ihnen nach bestem Wissen erstellt und mit
größtmöglicher Sorgfalt geprüft. Dennoch
können nur Sie selbst entscheiden, ob die
hier geäußerten Vorschläge und Ansichten
auf Ihre eigene Lebenssituation übertragbar
und für Sie passend sind. Weder Autoren
noch Verlag können für eventuelle Nachteile
oder Schäden, die aus den im Buch gegebe-
nen praktischen Hinweisen resultieren, eine
Haftung übernehmen.

Unsere Garantie

Alle Informationen in diesem Ratgeber
sind sorgfältig und gewissenhaft
geprüft. Sollte dennoch einmal ein
Fehler enthalten sein, schicken Sie
uns das Buch mit dem entsprechenden
Hinweis an unseren Leserservice
zurück. Wir tauschen Ihnen den GU-
Ratgeber gegen einen anderen zum
gleichen oder ähnlichen Thema um.

Liebe Leserin und lieber Leser,

wir freuen uns, dass Sie sich für ein
GU-Buch entschieden haben. Mit
Ihrem Kauf setzen Sie auf die Qualität,
Kompetenz und Aktualität unserer
Ratgeber. Dafür sagen wir Danke! Wir
wollen als führender Ratgeberverlag
noch besser werden. Daher ist uns
Ihre Meinung wichtig. Bitte senden Sie
uns Ihre Anregungen, Ihre Kritik oder
Ihr Lob zu unseren Büchern. Haben
Sie Fragen oder benötigen Sie weite-
ren Rat zum Thema? Wir freuen uns
auf Ihre Nachricht!

Wir sind für Sie da!
Montag–Donnerstag: 8.00–18.00 Uhr;
Freitag: 8.00–16.00 Uhr
Tel.: 0180-5 00 50 54*   *(0,14 €/Min. aus
dem dt. Festnetz/
Fax: 0180-5 01 20 54*   Mobilfunkpreise
E-Mail: maximal 0,42 €/Min.)
leserservice@graefe-und-unzer.de

P.S.: Wollen Sie noch mehr Aktuelles
von GU wissen, dann abonnieren Sie
doch unseren kostenlosen GU-Online-
Newsletter und/oder unsere kostenlosen Kundenmagazine.

GRÄFE UND UNZER VERLAG
Leserservice
Postfach 86 03 13
81630 München

Ein Unternehmen der
GANSKE VERLAGSGRUPPE